AF454199

TU VAS ME L'PAYER, AGLAÉ

Revue de l'année 1861 en trois actes et quinze tableaux

Précédée de **LA COMÈTE NOUS A FAIT LA QUEUE** Prologue

PAR

MM. JULES RENARD ET DELBÈS

MUSIQUE NOUVELLE DE M. BORSSAT; DÉCORS DE M. WAGNER; COSTUMES DESSINÉS PAR M. ABEL BRUN

Représentée, pour la première fois, à Paris, sur le théâtre Beaumarchais, le 31 décembre 1861.

DISTRIBUTION DE LA PIÈCE

MORDICUS	MM. Lapierre.
CARBONATE / MERCURE	Gobert.
LA GAZETTE DES PLAISIRS / TIVOLI	Moretteau.
L'OPÉRA	E. Négrié.
PIÉRROT	Douville.
UN COCHER / UN PORTEUR D'EAU / LEFÈVRE	Cautru,
CHOPINETTE / CAFÉ DU THÉATRE	Godard.
MÉDARD	Néré.
ROI D'ARAUCANIE / ISIDORE	Reykers.*
BEAUSOLEIL / PÉDICURE	Josselin.
PICKPRUMMEN	Damas.
LE BAZAR / LAC DE GUERRE A C'T' HOMME	Armand.
LA GRANDE REDINGOTE / BAIN A DEUX SOUS	Dufresne.
MARCHAND DE PROGRAMMES	MM. Dufresne.
UN AUTEUR / LE VASE HYGIÉNIQUE	Ponsin.
BELBOUL / VIN DE CORNICHONS / LES DELASSEMENTS	Dubois.
VIN DE CITROUILLE / DUBATTOIR	Bouvet.
AGLAÉ / LA COMÈTE	Mmes Lasseny.
L'ÉCUREUIL / FONTAINE DES INNOCENTS / JEANNETON / TURLUTAINE	A. Désirée.
VESTA / BOULEVARD MALESHERBES / VIN DE BOURGOGNE / PALLAS	Larrea.
HOTEL DE LA PAIX / LA CHARITÉ	Félix.
PARIS A DIEPPE	Emma Rose.
PIÈCE DE CINQ FRANCS / LA SEINE	Mmes Emma Rose.
PARIS A COLOGNE	Aline.
JUNON / PARIS A LONDRES / PRE AUX CLERCS	Valentine.
PARIS A CHERBOURG / L'EAU / CHALET DES ILES	Blanche.
BOULEVARD DES CAPUCINES / GALANTINE	Marguerite.
PARC DE MONCEAUX / BAIN CHINOIS / VENUS / BOIS DE BOULOGNE / VIN DE CHAMPAGNE	Jeanne.
CÉRES / LA SOURCE	Ellen. G.
MADAME PICPUS	A. Bellanger.
BOIS DE VINCENNES	Faille.
LA LORETTE	Irma.
LA VILLE DE PARIS	Honorine.
L'OUVREUSE	Irma.
	Caroline.

PROLOGUE

Premier tableau

Le théâtre représente le cabinet d'un astronome, avec attributs. — Fenêtre au fond, en face, disposée pour servir de transparent. — Lunette d'approche. — Bureau. — Porte à droite et à gauche.

SCÈNE PREMIÈRE

AGLAÉ, CARBONATE.

(Carbonate frotte avec ardeur, Aglaé est assise et ne fait rien.)

ENSEMBLE.

Air nouveau de M. Borssat.

Travaillons,
Bûchons, nettoyons,
Et notre maître
Sera content, peut-être.
Travaillons,
Bûchons, nettoyons,
Oui, travaillons,
Balayons,
Nettoyons.

CARBONATE, s'essuyant le front. Dites donc, vous, la belle Aglaé, vous chantez comme un chœur... mais, vous ne bougez pas.

AGLAÉ. Tiens! c'te bêtise!... Pourquoi donc que je me foulerais la rate... monsieur Carbonate?

CARBONATE. Parce que, mamz'elle, quand on a l'honneur d'être domestique d'un savant comme M. Mordicus, notre bourgeois, on doit de son côté...

AGLAÉ. Des flûtes!

CARBONATE. Enfin... il faut...

AGLAÉ. Taire vot' bec, mon p'tit.

CARBONATE.

Air : du Charlatanisme.

Notr' maître, un savant sans pareil,
Doué d'une ardeur peu commune,
Voit des taches dans le soleil
Et trouve des trous dans la lune.

AGLAÉ.

Le monde entier, à ce qu'il dit,
De ses découvertes prend note;
Mais lui ne voit pas, pauvre esprit,
Les tach s qui s nt sur son habit,
Les trous qui sont à sa cul-tte. (Bis.)

CARBONATE. Tenez, vous n'êtes qu'une mauvaise langue, une vipère, un aspic!

AGLAÉ. Va donc, jobard!

CARBONATE. Vous dites?... Oh! le v'là!

SCÈNE II

LES MÊMES, MORDICUS.

MORDICUS. Ouf! six cent cinquante-neuf marches pour grimper jusqu'ici, c'est roide... Mais l'amour de la science sur une grande échelle... J'ai oublié mon mouchoir... Aglaé... Aglaé, va donc me chercher mon mouchoir, que j'ai laissé au rez-de-chaussée...

AGLAÉ. Pus qu'ça d'échelons... merci! vous pouvez bien descendre...

MORDICUS. Descendre!

AGLAÉ. Oui, à votre tour.

MORDICUS. Mais puisque je viens d'y monter à ma tour...

CARBONATE. Feignante!

AGLAÉ. Capon!

MORDICUS. Je ne me moucherai pas, voilà tout... Des soins plus importants me réclament... oui, mes enfants, il y a du grabuge dans le firmament... j'ai remarqué dans la voûte céleste un certain remue-ménage... je guigne une découverte importante : laquelle? je n'en sais rien encore, mais je la flaire... Oh! saperlipopette, si je pouvais pincer au passage un rogaton d'étoile, un brimborion de comète... quelle gloire pour mon beau nom de Mordicus!

AGLAÉ. Oui, une belle poussée!

CARBONATE. Monsieur a raison.

AGLAÉ. Monsieur et toi, vous êtes deux serins.

CARBONATE. Vous l'entendez, mon cher maître !

MORDICUS. Oui, je sais que tu es un bon garçon, toi... Tu m'aimes, toi, Carbonate !

CARBONATE, avec âme. Oh ! voui !

MORDICUS. Tu m'admires, toi !

CARBONATE. Oh ! voui !

MORDICUS. Et tu fais bien. Tandis qu'Aglaé...

AGLAÉ. Moi, je me fiche de vous !...

MORDICUS. Oh !!!

CARBONATE. Pourquoi que vous n'y donnez pas son compte ?

MORDICUS. Je ne peux pas, ami... Elle fait si bien la cuisine... Pardonne-moi cette faiblesse... d'estomac.

CARBONATE, avec âme. Ah ! seigneur, je ne vous croyais pas si goinfre !

AGLAÉ. Ça t' la coupe, mon fiston, je triomphe et je reste.

MORDICUS. Ah çà ! la nuit n'est pas encore assez complète ; en attendant, toi, Aglaé, va chercher mon café... (A Carbonate.) Et toi, prends cette lumière et viens préparer mon lit de repos : je vais m'y étendre un instant en regardant le ciel... Je verrai le ciel de mon lit !

(Il sort.)

AGLAÉ. Tu bisques !... cafard !

(Elle sort.)

CARBONATE. Pimbêche !

(Il sort. Le théâtre reste vide et sombre. — Musique.)

SCÈNE III

MERCURE, LA COMÈTE, sous les mêmes costumes, entrent chacun d'un côté par une trappe anglaise ; flammes avant que la trappe se referme.

LA COMÈTE. Nous voilà dans la place !

MERCURE. Crois-tu que je suis bien entré dans la peau de ce cornichon de Carbonate ?

LA COMÈTE. A s'y méprendre. Et moi ?... suis-je assez ressemblante à la belle Aglaé ?

MERCURE. Parfaite !... Qui est-ce qui me reconnaîtrait sous ce déguisement, moi, Mercure...

LA COMÈTE. Et moi, la Comète !

MERCURE. Oui, mais le vrai Carbonate et la véritable Aglaé vont revenir.

LA COMÈTE. Il faut les supprimer.

MERCURE. Les voici, attention ! (Deux figurants vêtus identiquement comme Aglaé et Carbonate entrent chacun d'un côté ; étendant la main sur Carbonate.) Et d'un !

(Carbonate fond dans le dessous.)

LA COMÈTE, même jeu avec Aglaé. A l'autre !

(Aglaé disparaît de même.)

MERCURE. A nous trois, maintenant, maître Mordicus !

SCÈNE IV

LES MÊMES, sous les traits de Carbonate et d'Aglaé ; MORDICUS.

MORDICUS, à lui-même. Impossible de reposer dans ce lit de repos. Sitôt couché, je me suis senti dévoré par une fourmilière... d'idées confuses, piqué sans cesse... par le désir de réussir ; je me disais en me grattant... le front : Qu'on est malheureux d'être si savant ! (Aux deux autres.) Vous ne connaissez pas l'insomnie, vous autres, vous êtes trop bêtes pour ça !

MERCURE. Bête vous-même, dites donc ! En voilà un âne !

MORDICUS. Oh !!! La foudre tomberait dans mes souliers que je ne serais pas plus... Comment ! est-ce bien toi, Carbonate, qui oses me parler ainsi ?

MERCURE. Parbleu ! je vais prendre des mitaines !

MORDICUS. Toi, mon dévoué, mon fidèle !...

MERCURE. Ne me traitez donc pas de fidèle, hein ? on me prendrait pour votre caniche.

MORDICUS. Quel changement !... j'en demeure stupide !... Encore si c'était Aglaé !

AGLAÉ-COMÈTE, très-doucereuse. Moi, grands Dieux ! Monsieur sait bien que je ne me permettrais pas... mon respect pour monsieur, mon affection pour monsieur...

MORDICUS. Quelle douceur !... Elle est tombée dans les confitures... c'est-à-dire que je ne m'y reconnais plus du tout... mais du tout !

MERCURE. Pardine ! vous battez la breloque !

MORDICUS, à lui-même. Ce drôle aurait-il raison ? Est-ce que déjà mes belles facultés baisseraient à ce point ?... J'aurais pourtant juré... mais ma mémoire... ma pauvre tête...

MERCURE. Quelle patraque !

LA COMÈTE. Monsieur travaille tant !

MORDICUS. C'est cela sans doute... Donnemoi le café que je t'ai demandé... ça me remettra.

LA COMÈTE, le prenant dans la coulisse. Monsieur est servi.

MORDICUS. Voyons, tout en sirotant mon gloria... reprenons le cours de mes observations... (Il regarde à la lorgnette, une grosse tête paraît au fond en transparent, dans l'espace de ciel que la fenêtre laisse voir ; la grosse tête lui tire la langue.) Hou ! qu'est-ce que c'est que ça ?... (Allant regarder.) Rien... J'avais cru voir... Non ! (Un apothicaire, armé de sa seringue, poursuit un astronome ridicule, habillé comme Mordicus ; même jeu de ce dernier.) Cette fois-ci, c'est trop fort !... (Aux deux domestiques.) Vous n'avez rien vu, vous autres ?

MERCURE. Où ça ?

MORDICUS. Là ! au bout de ma lunette.

MERCURE. Si ! une grosse bête...

MORDICUS. C'est ça...

MERCURE. Au petit bout.

MORDICUS. Malhonnête !... Mais à l'autre bout ?...

LA COMÈTE. Rien, monsieur.

MORDICUS. C'est étrange !

LA COMÈTE, à part. Oui, va ! fais-en, des observations, mon bonhomme ?

MERCURE. Attends !

(Il étend la main vers Mordicus.)

MORDICUS. C'est drôle !... je n'ai pas envie de dormir et je tombe de sommeil... Oui, mais si je m'endors, ma découverte peut m'échapper... Bah ! tant pire !... (S'endormant.) Consignons toujours... sur mon registre... que je suis...

MERCURE. Un imbécile.

MORDICUS, laissant tomber sa tête sur son bureau. C'est ça !

(Musique.)

AIR : de Galatée

MORDICUS, endormi.

Mon nez tombe sur ma lunette.

LA COMÈTE.

Maintenant je redoute peu
Que tu prédises la comète.

MERCURE.

Car tu n'y verras que du feu.

MORDICUS.

Je m'endors.

LA COMÈTE et MERCURE, ENSEMBLE.

Moi, je sors.

MORDICUS.

Je m'endors.

TOUS DEUX.

Il s'endort.

(Ils disparaissent chacun d'un côté.)

(Musique. — Changement. — Le fond s'ouvre ; des nuages montent et laissent voir un décor fantastique.)

Deuxième tableau

SCÈNE PREMIÈRE

MORDICUS, endormi, VÉNUS, CÉRÈS, JUNON, VESTA, PALLAS, LA COMÈTE DE 1378, DE 1860, DE CHARLES-QUINT, DE 1811, DE 1832.

CHŒUR DES PLANÈTES ET DES COMÈTES.

AIR : la Patrie des Hirondelles (Félicien David).

Nous venons, ô grand homme,
Dans ton humble séjour,
A l'illustre astronome
Dire un petit bonjour.
Pour te voir, les Planètes
Ont délaissé Phébus ;
Pour te voir, les Comètes
Ont pris leur omnibus.
Avec nous fais chorus,
Réveille-toi, Mordicus.

MORDICUS, se réveillant, sans regarder au fond.

Je rêve ! où suis-je ? Est-ce une diablerie ?
D'où sortent donc ces timbres féminins ?
Et quel est donc l'orgue de Barbarie
Qui me transmet des accords si divins ?

REPRISE DU CHŒUR.

Nous venons, ô grand homme, etc.

(Pendant la reprise, Mordicus s'est levé ; il regarde au fond et reste stupéfait.)

MORDICUS. Ah çà ! suis-je dans un monde fantastique, ou dans un pensionnat de demoiselles ? Toutes ces beautés peu vêtues...

VÉNUS. Non, tu es bien chez toi, maître Mordicus.

MORDICUS, à part. Elle sait mon nom !

JUNON. Qui donc ne connaît pas le grand, le savant, l'illustrissime Mordicus ?...

SCÈNE II

LES MÊMES, MERCURE, en costume.

MERCURE. Physicien, opticien, magicien, mathématicien, nécromancien, chiromancien et astronome, par-dessus le marché.

MORDICUS, à part. D'où sort-il, celui-là ?

MERCURE. Cher ami, tu connais la plupart de ces dames ?

MORDICUS. Moi ? pas du tout !

MERCURE, aux planètes. Passez donc devant lui et dites-lui votre nom ?

VÉNUS, passant. Vénus.

MERCURE. Planète entre Mercure et la Terre.

MORDICUS. Distance... neuf millions de lieues.

MERCURE. Si brillante... qu'on peut la voir en plein jour.

MORDICUS. J'aimerais mieux la nuit.

MERCURE. Allons donc ! voilà que ça te revient.

MORDICUS. Oui... elle me revient tout à fait.

VESTA, passant. Vesta !

MERCURE. Petite planète.

MORDICUS. Découverte en mil huit cent sept... âgée de cinquante-quatre ans. Elle ne les paraît pas...

PALLAS, passant. Pallas !

MERCURE. Planète de cinquante-neuf ans.

MORDICUS. Joli pompier ! C'est drôle comme on se conserve bien là-haut... Pallas, déesse de la guerre... Ce qui m'intrigue, c'est qu'elle ait inventé l'olivier, symbole de la paix.

MERCURE.

AIR : du Dieu des bonnes gens.

Mon cher ami, ce qui paraît cocasse,
Peut, je le crois, s'expliquer aisément :
On se bouscule, ensuite l'on s'embrasse ;
La chose arrive ici-bas fréquemment.
Donc, l'olivier, moi, ne me surprend guère,
Même au milieu des bataillons épais,
Car chacun sait que si l'on fait la guerre,
C'est pour avoir la paix. (Bis.)

CÉRÈS, passant. Cérès !

MERCURE. Très-petite planète.

MORDICUS. Soixante ans, toujours bien conservée.

JUNON, passant. Junon !

MERCURE. Cinquante-sept ans !

MORDICUS, à part. Elles frisent toutes la soixantaine. (Haut.) Jupiter l'a séduite sous la forme d'un coucou. Drôle d'idée !

MERCURE. Et maintenant les Comètes ! (Les faisant passer tour à tour.) La Comète de mil trois cent soixante-dix-huit.

MORDICUS. Qui a paru chez les Chinois — quatre cent quatre-vingt-trois ans — ni cheveux gris, ni patte d'oie.

MERCURE. La Comète de mil six cent quatre-vingt.

MORDICUS. Celle qui s'est approchée le plus du soleil, ce grand chauffeur. (Regardant la comète de seize cent quatre-vingt qui rit.) Cent quatre-vingt-un ans, et toutes ses dents !...

MERCURE. La Comète de Charles-Quint. La Comète de mil huit cent onze.

MORDICUS. Chère aux ivrognes.

MERCURE. La Comète de mil huit cent trente-deux.

MORDICUS. Elle avait déjà paru en mil huit cent vingt-six. Elle a manqué de nous heurter. (Galamment et se frottant contre la comète.) Si j'étais la Terre, je ne m'en serais pas plaint, mais, je n'aurais jamais cru à les voir de loin,

AIR : du Jaloux malade.

Nos femmes et nos demoiselles,
Fort jalouses de leurs attraits,
Portent des voiles, des ombrelles
Pour se conserver le teint frais.
Autour de l'astre qui m'éclaire,
Et dans le plus simple appareil,
Ces dam's tournent comme la terre
Sans attraper un coup d' soleil.

(A Mercure.) A propos, cher ami, vous servez de cicérone à ces séduisantes visiteuses... à qui donc ai-je l'honneur?...

MERCURE. Mercure.

MORDICUS. Mercure, Dieu des marchands.

MERCURE. Ah ! le commerce m'en fait voir de cruelles.

MORDICUS. C'est un peu vrai, les additions, les soustractions.

MERCURE. Les colorations, les falsifications, les sophistications, j'en attrape, allez, des camouflets.

AIR : la Bonne Aventure.

PREMIER COUPLET.

Je suis le dieu des marchands,
Et je me figure
Qu'on ne doit trouver aux champs
Rien que la nature.
Un laitier de Bagnolet
A mis de l'eau dans son lait...
C'est encore un camouflet
Pour le dieu Mercure.

TOUS.

C'est encore un camouflet
Pour le dieu Mercure.

DEUXIÈME COUPLET.

Grâce aux rayons du soleil,
La vigne, bien mûre,
Doit faire un nectar vermeil,
Liqueur rouge et pure ;
Mais le marchand en secret
Colore son vin clairet...
C'est encore un camouflet
Pour le dieu Mercure.

TOUS.

C'est encore un camouflet
Pour le dieu Mercure.

TROISIÈME COUPLET.

La femme a souvent besoin
D'un peu de parure ;
Mais on a poussé trop loin
L'art de la couture.

Le coton, dans un corset,
Qui n' tient pas ce qu'il promet...
C'est encore un camouflet
Pour le dieu Mercure.

TOUS.

C'est encore un camouflet
Pour le dieu Mercure.

MORDICUS. Oh ! mais ça ne se fait pas dans vos planètes, ça, c'est bon pour les pays civilisés, pour les grandes villes, Londres, Paris. Oh ! Paris surtout.

MERCURE. Erreur, vénérable astronome, c'est absolument chez nous comme dans les grandes villes.

MORDICUS. Vous m'étonnez.

MERCURE.

AIR : la Clef, la Clef.

Comme à Paris,
Amants, maris
Vivent gaiement dans nos planètes ;
Les femmes y sont très-coquettes ;
C'est tout à fait comme à Paris.

PREMIER COUPLET.

Cher moi l'amour est un compère
Qui dit, en lorgnant les gros sous :
« Pour épouser votr' fill', beau-père,
D'abord combien lui donnez-vous? »

TOUS.

Comme à Paris,
Amants, maris, etc.

DEUXIÈME COUPLET.

CÉRÈS.

Grâce à sa crinoline immense,
Chez moi la femme, avec bonheur,
Tient tous les hommes à distance
Et sait conserver son honneur
Comme à Paris.

TOUS.

Amants, maris, etc.

TROISIÈME COUPLET.

VÉNUS.

Chez moi, pour sauver sa ceinture,
Plus d'une dame a combattu ;
Elle gagne une courbature,
Mais rar'ment le prix de vertu,
Comme à Paris.

TOUS.

Amants, maris, etc.

QUATRIÈME COUPLET.

VESTA.

De l'amour fuyant les faiblesses
Et conservant leur liberté,
De Vesta toutes les prêtresses
Savent garder leur chasteté
Comme à Paris.

TOUS.

Amants, maris, etc.

CINQUIÈME COUPLET.

JUNON.

Chez moi, pas de filles de plâtre,
Pas de gandins, de freluquets ;
On ne trouve, même au théâtre,
Ni faux toupets, ni faux mollets,
Comme à Paris.

TOUS.

Amants, maris, etc.

SIXIÈME COUPLET.

PALLAS.

Chez moi, tous les propriétaires,
Encouragés par leurs portiers,
Par amour pour leurs locataires,
Ont diminué leurs loyers
Comme à Paris.

TOUS.

Amants, maris, etc.

SEPTIÈME COUPLET.

MORDICUS, aux femmes.

A travers la mince enveloppe
Qui vous cache aux regards jaloux,
Moi, je vois, sans mon télescope,
Que tout doit se passer chez vous
Comme à Paris.

TOUS.

Amants, maris, etc.

MORDICUS. Maintenant, mes enfants, que nous avons fait connaissance, je ne serais pas fâché de savoir...

MERCURE. Pourquoi sommes-nous venus ?

MORDICUS. Juste.

VÉNUS. Pour te faire une petite surprise.

MORDICUS. Une surprise !... (Coup de tam-tam, trompettes. — Le fond s'illumine d'une grande clarté, et la Comète de mil huit cent soixante et un paraît au milieu du théâtre en feu.) C'est un tremblement de terre ?

SCÈNE III

LES MÊMES, LA COMÈTE DE 1861.

AIR nouveau de M. Borssat.

Astronome
Qu'on renomme,
Tu dois subir le sort commun.
C'est la Comète,
Fraîche et discrète,
De mil huit cent soixante et un !

MORDICUS. De mil huit cent soixante et un !!!

LA COMÈTE, suite de l'air.

Malgré leurs télescopes,
Les savants curieux,
Sont encore trop myopes
Pour lire dans les cieux.
Dans l'atmosphère bleue
J'ai filé comme un trait ;
Pour leur faire la queue
La Comète apparaît.
Astronome
Qu'on renomme,
Tu dois subir le sort commun.
C'est la comète,
Fraîche et discrète,
De mil huit cent soixante et un.

MORDICUS. La Comète de mil huit cent soixante et un ! je suis déshonoré !

MERCURE. Pourquoi? Tu peux la voir à l'œil nu.

MORDICUS. Ma foi, presque...

VÉNUS. Tu voulais la découvrir.

MORDICUS. Je la trouve assez découverte comme ça. Elle n'a pas la gravité...

MERCURE. Ah ! dame, les Comètes, ce sont les biches du firmament.

MORDICUS. C'est donc ça... c'est égal, je suis un astronome éteint.

MERCURE. Pas du tout.

MORDICUS. Comment, pas du tout?

LA COMÈTE. Nous avons badigeonné ton télescope en noir.

MORDICUS. Et moi qui n'ai pas vu la couleur !

MERCURE. Nous avons mis un grain d'opium dans ton café.

MORDICUS. Mon épicier est plus honnête que toi, monstre ! il n'y met que de la chicorée, lui !

MERCURE. Nous nous sommes incrustés dans la peau de tes domestiques.

MORDICUS. Pas possible. (Appelant.) Aglaé.

LA COMÈTE, imitant la bonne. N'criez pas si fort, on y va.

MORDICUS. Carbonate !

MERCURE, imitant Carbonate. Voilà, patron.

MORDICUS. C'est à en perdre l'esprit.

LA COMÈTE. Console-toi, aucun observatoire n'a prédit mon arrivée. Je vais à Paris surprendre aussi ses astronomes. Viens avec moi.

MORDICUS. A Paris?

MERCURE. Viens avec nous, car je suis du voyage.

MORDICUS. Au fait, après un tel assaut. Les distractions d'un voyage... Allons, j'accepte.

LA COMÈTE. A la bonne heure ! en route !

MORDICUS, à part. C'est égal! Tu vas me l'payer, Aglaé...

TOUS. En route ! en route !

CHOEUR.

AIR : *du Mirliton.*

MERCURE.

La comète
S'apprête
A voir d'autres pays ;
Sans tambour ni trompette
Filons vite à Paris.
Oui, dans cette ville unique,
Dans ce nouveau paradis,
Nous entendrons la musique
Dont les bourgeois sont épris.
Nous verrons, c'est magnifique,
Tous les badauds de Paris,
Nous verrons les ba, les dauds,
Les badauds de Paris

REPRISE.

Nous verrons, etc.

FIN DU PROLOGUE.

ACTE PREMIER

Troisième tableau

Une rue.

SCÈNE PREMIÈRE

MORDICUS, MERCURE, LA COMÈTE, PARIS-A-DIEPPE, PARIS-A-LONDRES, PARIS-A-CHERBOURG, PARIS-A-COLOGNE.

(Ils entrent en tiraillant Mordicus ; Mercure et la Comète suivent derrière en riant.)

CHOEUR.

AIR nouveau de M. Borssat.

C'est moi, c'est moi !
Oui, c'est moi, sur ma foi,
Qui peux seul vous satisfaire...
Pour votre affaire
Adressez-vous à moi,
Accourez chez moi, chez moi.

MORDICUS. C'est moi, c'est toi !... Ah ! quel pays !... que de cris !... j'en suis ahuri, abruti...

PARIS-A-DIEPPE. Paris-à-Dieppe !...
PARIS-A-LONDRES. Paris-à-Londres !...
PARIS-A-CHERBOURG. Paris-à-Cherbourg !...
PARIS-A-COLOGNE. Paris-à-Cologne !...

DIEPPE.

AIR : *Rifolet, sans qu'il s'en doute.*

Vite, à Dieppe il faut qu'on parte ;
Restaurants, hôtels meublés,
Mes bains de mer et ma carte
Ne sont pas par trop salés.

CHERBOURG.

Cherbourg, en première ligne,
Vous appelle dans son sein ;
De ta canne fais un signe,
Il t'offrira son bassin.

COLOGNE.

Suis-moi donc, et sans vergogne
Tu pourras, c'est souverain,
Prendre les eaux de Cologne
Et boire le vin du Rhin.

LONDRES.

Moi, grâce à mon entreprise,
Je te ferai, mon gaillard,
Voir Londre avec sa Tamise...
A moins qu'il n'y ait trop d'brouillard.

LES QUATRE ENSEMBLE.

C'est une vogue, une rage,
Tout Paris fait ses paquets ;
On ne vit plus qu'en voyage,
Prenez, prenez vos billets !

(Parlé.) Célérité, sécurité, économie!... Londres ! Ligne du Nord ! Dieppe et Cherbourg, ligne de l'Ouest, Cologne, ligne de l'Est.

MERCURE. Ah ! quel régiment de lignes !

TOUS LES QUATRE. On est emporté, exporté, colporté, rapporté et rendu !...

MORDICUS. Quel vacarme !...

LA COMÈTE. Quel bruit !...

DIEPPE. Puisque nous sommes des trains !

MORDICUS. Des trains ?

LONDRES. De plaisir.

MORDICUS.

AIR : *de l'Apothicaire.*

Train et plaisir, c'est bien certain,
N'ont jamais pu marcher ensemble,
Et pour mon goût, plaisir sans trains,
Me conviendrait mieux, ce me semble.
Nous sommes de simples goujons,
Que d'être pris vous jugez dignes ;
Mais j'aperçois vos hameçons,
Et je ne mords pas à vos lignes!

CHERBOURG. Bah ! tu as beau dire !

COLOGNE. Tu y viendras comme les autres.

LONDRES. Suivez, suivez l' monde !

DIEPPE. On part à l'instant même.

MORDICUS. Vrai ?... Eh ben ! partez tout d'suite.

REPRISE DU CHOEUR.

C'est une vogue, une rage, etc.

(Les quatre trains sortent.)

SCÈNE II

MORDICUS, MERCURE, LA COMÈTE puis LA GAZETTE-DES-PLAISIRS, suivie de ses acolytes.

MERCURE. D'ailleurs qu'est-ce qu'elles nous chantent ?

COMÈTE. Nous ne venons pas pour sortir de Paris.

MORDICUS. Nous venons visiter Paris.

LA GAZETTE-DES-PLAISIRS, entrant. Parbleu ! monsieur, vous tombez bien !

MERCURE. Qu'est-ce que c'est que celui-là ?

LA GAZETTE. La Gazette-des-Plaisirs ! treize francs par jour ! L'entrepreneur général de tous les plaisirs de Paris dans Paris ; prix fixe, invariable, marqué en chiffres connus sur tous les murs... (avec volubilité.) J'organise, je groupe par fournée, par série de dix, les divers individus suivant leur sexe, leur âge et la coupe de leur cheveux !... il ne manque plus que trois personnes pour compléter la sept cent soixante-dix-septième fournée..... Tenez, voyez plutôt.

(Il fait un signe ; entrent en rang, sur une file, sept personnages grotesques : un Anglais, une Anglaise, Paysan outré, Paysanne, un Arménien, deux autres, d'un pays quelconque, au choix. Ils sont précédés par une espèce de Garde-chiourme qui tient un gourdin, et suivis par un deuxième Garde-chiourme armé d'un fouet.)

LE GARDE-CHIOURME de devant. Halte !

(Le mouvement s'exécute militairement.)

LA GAZETTE. Hein ! quel ordre ! quel alignement ! quel coup d'œil !... (A sa troupe.) Attention ! tirez... Choir !... (Tous les étrangers tirent le mouchoir, toujours avec ensemble.) Mouchez... nez ! (Tous se mouchent en même temps.) (A Mordicus avec volubilité et chaleur.) Quelle précision ! Eh bien, monsieur, avec moi tout se fait comme ça... On part à la même heure... on rentre à la même heure... On dîne à la même heure... Si vous n'avez pas faim, tant pis pour vous... On mange tous la même chose... Ceux qui ne l'aiment pas se brossent le ventre... On visite les musées ensemble, les monuments ensemble, les spectacles, les bals, les égouts, les catacombes ensemble... toujours ensemble, et on loge ensemble...

MERCURE. Quel ensemble !

LA GAZETTE.

AIR : *de Fanchon.*

PREMIER COUPLET.

Je dois, je le parie,
Par cette symétrie
Satisfaire tous mes clients.
Pour eux c'est toujours fête,
Tant pis s'ils ne sont pas contents.
Du moins si l'on s'embête, } Bis.
C'est tous en même temps. }

DEUXIÈME COUPLET.

Qu'un client soit malade,
On purge la brigade,
Même ceux qui sont bien portants.
Personne ne redoute
Ni les chocs ni les accidents,
Car si l'on meurt en route, } Bis.
C'est tous en même temps. }

(Parlé.) Et je me charge gratis de votre enterrement... c'est dans mon programme...

MORDICUS. Ah ! voilà quelque chose de bien agréable...

LA GAZETTE à Mercure. Eh bien ! qu'est-ce que vous en dites ?

MERCURE, à la Comète. Et toi ?...

LA COMÈTE, à Mordicus. Et vous ?

MORDICUS. Ma foi, je me tâte...

LA GAZETTE, les pressant. Faut-il vous inscrire ?... donnez trente-neuf francs !...

SCÈNE III

LES MÊMES, L'ECUREUIL.

L'ÉCUREUIL, à Mordicus. Gardez-vous-en bien, mon bourgeois !...

LA COMÈTE. Ah ! il m'a fait peur...

L'ÉCUREUIL. L'Ecureuil !... apprenti ébéniste... Treize francs par tête !.. excuso... pus qu'ça d' monnaie !... mais, avec treize francs, moi, j'voudrais bambocher jusqu'à plus soif ! au lieur que ceux-là... (indiquant les étrangers) r'gardez-moi donc ça ? quelles binettes !... et comme ils ont l'air de s'amuser !

LA GAZETTE. Veux-tu te taire, toi, galopin ; ils s'amusent beaucoup !

L'ÉCUREUIL (l'Anglais bâille). Oui... pas mal... v'a milord *Chose* qui s'en décroche la mâchoire.

LA GAZETTE, avec sévérité à l'Anglais, Hein ! Qu'est-ce que c'est ! (A Mordicus.) Ne l'écoutez pas, monsieur !... (A sa troupe.) Hum ! souriez!... Eh ben ?... (Le garde-chiourme brandit sa canne, l'autre son fouet.) Allons donc !

(Tous les étrangers font un sourire forcé.)

L'ÉCUREUIL. Ah ! quelle carotte ! quelle roustissure !... Voulez-vous vous sauver !... (D'un ton de commandement militaire.) Tion au commandement !... Rapportons vivement le pied qui est à terre à côté de celui qui est en l'air !... arche !... (La troupe se met en marche.) Hein ! comme c'est dressé !... (La troupe continue à marcher et disparaît dans la coulisse).

LA GAZETTE, les suivant et avant de sortir. Tu me lo payeras, toi, moucheron !...

L'ÉCUREUIL. Pas treize francs, toujours !

SCÈNE IV

LES MÊMES, moins LA GAZETTE et son monde.

L'ÉCUREUIL, très-vivement. Non, mon bourgeois, croyez-moi, je m'y connais, moi l'enfant du faubourg!... Ce n'est pas treize francs, douze francs, onze francs, dix francs, neuf francs, huit francs, sept francs, six francs!... Ce n'est pas cinq francs, quatre francs, trois francs ni même deux francs... c'est un franc, un pauvre franc, le simple déhoursé d'un franc... vingt sous, la modique somme de vingt sous pour se procurer tous les plaisirs de Pantin !

POT-POURRI.

Air : *du dimanche à Passy.*

Si pour rire un brin
L'or était nécessaire,
Quell' mauvaise affaire
Pour tous ceux qui n'ont rien.
Mais moi, plus malin,
Je connais la manière,
Presque sans un sou,
D' m'amuser comme un fou.

Pour aller courir
Je me lève au plus vite.
Faut pas lanterner,
Il s'agit d' déjeuner.
Chaud là, faut m' servir
L' cornet d' pomm's de terr's frites.
J' graiss' mes doigts, tant mieux,
Ça va lustrer mes ch'veux.

Air : *tout le long de la Rivière.*

Lorsque j'ai l'estomac garni,
Je m' promène en fadard fini.
Tout en fumant ma cigarette,
Aux bonn's d'enfants je cont' fleurette.
Mais bah! ça s'rait par trop jobard
D' perdre ainsi mon temps sur l' boul'vard;
J' veux pas rester là la journée tout entière,
J' vas flâner sur les quais, le long de la rivière,
Tout le long, le long de la rivière.

Air nouveau de M. Borssat.

Un pêcheur à la ligne
Pêche sur un bateau,
Du parapet je l' guigne,
Et j' fich' des pierr's dans l'eau.
Il rage, il se démène,
J' lui crie : « Ah! hé! mon cher,
Prenez-vous la baleine? »
Et j' joue la fill' de l'air.

Air : *Patati, patata.*

Il fait chaud, Dieu merci,
J' cours au-d'ssus de Bercy ;
Là, je puis dans l'onde,
Peu profonde,
Aux fortifications,
Sans contraventions,
Me baigner gratis aux Deux-Lions.

Air : *ne raillez pas la garde citoyenne.*

Pour m'en r'venir, pristi! la trotte est dure;
Aller à patt's, ça n' serait pas malin;
Y a pas à dir', faut qu' je m' paye une voiture,
J' grimpe en sournois par derrière un sapin.
Là je m' prélasse et je fais ma poussière,
Quand un gamin, qu'a ben fait d' se sauver,
Crie au cocher : Tapez, « tapez derrière! »
J' m'en fich' pas mal, nous venons d'arriver.

Air : *des Fraises.*

Le cocher m'a déposé
Juste au jardin des Plantes ;
Certe, il fut bien avisé,
On y voit des choses é-
Patantes. (*Ter.*)

Air : *du Verre.*

Au bout d'un' cord' j'attache un pain,
Puis j'agac' Martin dans sa fosse;
J' lui descends sur l' nez; il a faim,
Il veut l'attraper, il se hausse;
Mais tout à coup quand il va pour
Mettr' la patt' sur la manivelle,
Berniquel il est trop Martin... lourd.
Il n'avait pas vu la ficelle.

Air : *Cocu, cocu, mon père.*

C' jardin-là, sans flatterie,
S'ra toujours la patrie,
Ouïr' cell's qu'on y voit,
De bien plus d' bêt's qu'on n' croit.

Air : *Silence! silence!*

Je cours à la cuisine,
Eh! vite! il faut que j' dîne,
Et je me flanqu' dans le fanal
Un ordinair' monumental.

Air : *Ni vu, ni connu.*

Dieu! quel morceau d' bœuf!
J' suis plein comme un œuf.
Tant pis! faut qu' j'entre au Lazare ;
J' monte au paradis,
Avec les titis,
Je m'installe et je me carre.
Là, berlingot,
Pomm's et coco,
Ça grouille,
Et sans façon,
Chacun d' chausson
S' barbouille,
Mais je dois l'avouer,
Pour c' qu'on a pu jouer,
Ni vu, ni connu, j' t'embrouille!

Air : *J' tape partout, j' connais rien.*

J' m'en r'viens, quand près d' la Bastille
J' trouv', grelottant d'froid et d' faim,
Un' pauvr' vieille et sa p'tit' fille
Qui tremble en m' tendant la main.
Nom d'un nom, dans la poche!...
Si! quell' chance! encor deux sous!...
De la pauvr' femm' je m'approche,
T'nez, ma vieill' voilà pour vous,
C'est d' bon cœur que j' vous l' donne,
Car d' faire l'aumône,
Nom d'un chien,
Qu' ça fait d' bien
Au vrai faubourien!

Air : *de madame Grégoire.*

Faut additionner...

MORDICUS, au gamin. Attends que je prenne mon crayon.

L'ÉCUREUIL, continuant.

Pour mon déjeuner, dix centimes,
Dix ronds pour dîner ;
Pour le Lazary, deux décimes ;
Un tas d' pomm's, deux sous ;
Voyons, y somm's nous?
Non, fichtr' ! et la vieill' que j'oublie!
Comptez! vous trouv'rez, je l' parie,
Qu' ça fait mon total, } *Bis.*
Vingt sous d' festival! }

MORDICUS, qui a compté. C'est que ça y est!
MERCURE. Il est gentil, c' crapaud-là !
LA COMÈTE. Il a du bon.
MORDICUS. Moutard, tu me bottes.

LA COMÈTE.

Air : *de Périnette.*

Avec un modeste franc,
Savoir, outre la bombance,
Fair' la part de l'indigence,
C'est très-gentil, mon enfant.

MORDICUS.

Puisque tu fais tant d'usage
D'une pièce de vingt sous,
Avec un peu davantage
Tu ferais donc les cent coups.
J'ai d' la monnai' qui m'embarrasse,
De quoi t' rendr' tout sens d'ssus d'ssous,
Tu sauras bien trouver ta place,
Accepte donc ces cent sous... d' sous.

L'ÉCUREUIL. Cent sous!
MERCURE. En sous.
L'ÉCUREUIL. Ah! nom d'un petit bonhomme! avec ces cent sous-là, me v'là sans soucis.

REPRISE DE L'AIR DU DIMANCHE A PASSY.

Si pour rire un brin
L'or était nécessaire, etc.

(Il sort gaiement.)

SCÈNE IV

MORDICUS, MERCURE, LA COMÈTE.

MORDICUS. Ah! je respire...
LA COMÈTE. Enfin nous sommes seuls!
MERCURE. Et tranquilles, Dieu merci!...
MORDICUS. Taut ce monde, ce brouhaha... ça vous étourdit... et on n'est pas fâché de se recueillir un peu (il se prépare à s'asseoir sur un banc) dans le calme et le silence...

(Bruit effroyable de grosse caisse et de cymbales. Mordicus, qui venait de s'asseoir, saute en l'air.)

SCÈNE V

LES MÊMES, PIKPRUNMEN, LA GRANDE REDINGOTE.

Ce dernier n'est vêtu que d'une seule et immense redingote qui traîne à terre, sous laquelle il n'aura qu'un maillot et des bottes. — Pikprunmen, le tailleur anglais, costume en étoffe écossaise très-excentrique : pantalon collant, twin très-court, étoffe pareille. — Ils entrent précédés de deux hommes qui frappent de la caisse ; deux autres hommes les suivent, portant, l'un, une immense affiche jaune ; l'autre, une bannière en calicot blanc. Sur l'affiche on lit : AS-TU FINI? le reste, illisible, et en bas (lisible) : A LA GRANDE REDINGOTE. — Sur la toile blanche : VOUS AVEZ TORT, puis quelques lignes illisibles, puis (lisible) au-dessous : VOUS AUREZ RAISON; suivent des mots illisibles, puis : VOUS AVEZ BIEN TORT, le reste illisible; enfin, en bas, lisible : AU NOUVEAU PARIS, COMPAGNIE ANGLAISE.)

REDINGOTE et PIKPRUNMEN.

ENSEMBLE.

Air : *du docteur Isambard* (avec accompagnement de grosse caisse).

Nous sommes deux tailleurs rivaux,
Vaux, vaux, vaux, etc.
Nous entortillons les badauds,
Dauds, dauds, dauds, etc.
Chacun de vous trois jugera,
Tchinn, la, lalaboûm! la, laboûm!
Qui de nous deux l'emportera,
Ah! ah! ah! ah!

REDINGOTE. Monsieur, vous m'entendrez!...
PIK accent anglais. Mossiou, écoute-moâ!...
REDINGOTE. Il prétend...
PIK. Je soutenais...
MORDICUS, Parlez donc chacun à votre tour!
REDINGOTE. Oui, monsieur.
PIK. Aho, yes !
LA COMÈTE (qui a remonté, lisant la bannière). « Vous aurez tort... Vous avez raison... Vous avez bien tort... »
MERCURE, à l'affiche, même jeu. « As-tu fini... as-tu fini? (comprenant.) Ah! As-tu fini enfin par trouver un tailleur? »
MORDICUS. Bien, bien! vous êtes tailleurs...
PIK. La seule Compagnie anglaise.
REDINGOTE. L'unique Redingote grise... Habillement complet.
MORDICUS. Rien qu'avec une redingote?
REDINGOTE. Parfaitement.
MORDICUS, relevant un des pans. Voyons!
REDINGOTE. Touchez pas!... ne relevez pas!
MORDICUS. Bigre!
PIK. Véritable english importéchione... drap magnifique double... bifteck à triple broche... vêtements pour le chasse, de cuir de bison, doublé en bois... gilets corne de cerf. manches en ivoire... velours brokett irlandais, poil de hareng-saur, de la grande fabricachione de Mac-Lisine et Cº.
REDINGOTE. Incomparable établissement of-

frant à la fashion parisienne un assortiment complet de raglans.

PIK. Twins !

REDINGOTE. Dorsays!

PIK. Makintoshs !

REDINGOTE. Vareuses !

PIK. Wate-fer-fichs !

REDINGOTE. Pardessus !

PIK. Pardessous !

REDINGOTE. Saute-en-barque!

PIK. Saute-en-l'air !

REDINGOTE. Allez, la musique.

        (Les deux grosses caisses battent.)

MORDICUS. Ah! les nerfs, les dents, la tête !... mais vous me fendez !...

LA COMÈTE. Voyons, tâchez de vous entendre.

MERCURE. Oui, tâchons de les entendre.

MORDICUS. Car on ne s'entend pas... (A l'Anglais.) Vous, d'abord, monsieur !...

        (Il cherche.)

PIK. Pik-prun-men.

MORDICUS. Monsieur... Oui... enfin, n'importe !... Laissez-le parler.

PIK, très-poli. Ahô ! cé était trop jiouste ! (A part et sans accent anglais.) Plus souvent?

REDINGOTE. L'innombrable clientèle de la...

(Ici, Pikprunmen fait un signe à son homme, qoi frappe de la grosse caisse avec fureur pour couvrir la voix de son rival.)

MORDICUS, à PIK. Ah !... si vous l'empêchez... alors !... Aimez-vous mieux parler le premier?... (A Redingote.) Et vous, pour Dieu, laissez-le dire...

REDINGOTE, très-poli. Comment donc, monsieur?... (A part.) Ce ne serait pas à faire !...

PIK. La clientèle innombrable du...

(Signe de Redingote à son homme, qui frappe.)

MORDICUS. C'est une gageure...

MERCURE. Ils le font exprès.

PIK et REDINGOTE. Parbleu!

MERCURE. Tu ne vois pas que c'est un truc?

LA COMÈTE. Pour étourdir le client.

MORDICUS, aux tailleurs. Et ça vous réussit?

TOUS DEUX. Toujours.

MORDICUS. Ah! ben... je vous réponds, moi, que vous n'aurez pas ma pratique!

PIK, sans accent jusqu'à la fin. Parions que si!

MORDICUS. Parions que non!

REDINGOTE, à Mordicus. Topez !... (Bas, vivement à PIK.) Attention! Y es-tu?

PIK, même jeu. Yes!

MORDICUS, entre les deux tailleurs et frappant dans les mains de chacun d'eux. Ça y ess!

PIK et REDINGOTE, qui lui tiennent chacun un bras. Oui, ça y est! (Le déchirant.) cric! crac !

        (Mordicus reste en bannière.)

MORDICUS, se débattant. Ah! l'horreur! brigands! canailles! (s'apercevant de sa nudité.) Où me cacher?...

        (Il se sauve.)

REDINGOTE. Oui, cours, va.

PIK. Tu ne nous échapperas pas !...

(Ils s'élancent à sa poursuite, suivis de tous leurs hommes. Mercure et la Comète rient.)

SCÈNE VI

MERCURE, LA COMÈTE, puis BEAUSOLEIL.

LA COMÈTE.

AIR : *De l'Écu de six francs.*

Le procédé n'est pas si bête !
Et le client a beau crier.

MERCURE.

Grâce à sa nudité complète
Ils sont bien sûrs de l'habiller
Car il faut bien se rhabiller.
Conçoit-on des charges pareilles !
Ils nous écorchent sur le prix
Et nous arrachent nos habits
En nous déchirant nos oreilles. (Bis.)

BEAU-SOLEIL, entrant vivement. Je te tiens, monsieur, je te tiens, madame.

MERCURE. Qu'est-ce que vous tenez?

BEAU-SOLEIL. Réussi ! instantanément! le temps de regarder l'heure... trente secondes... C'est votre père?...

MERCURE. Qui?

BEAU-SOLEIL, à la Comète. C'est votre mari?...

LA COMÈTE. Quoi?

BEAU-SOLEIL. Ce monsieur âgé... fort laid... qui vous quitte dans le simple appareil... d'une beauté qu'on vient...

MERCURE. Ah ! Mordicus.

BEAU-SOLEIL. Il s'appelle Mordicus... Tant mieux !... c'est un portrait qui fera ma fortune.

LA COMÈTE. Un portrait?

BEAU-SOLEIL. Je suis photographe !... photographe de l'avenir.

MERCURE. Ah! très-bien.

BEAU-SOLEIL. Mes confrères affichent... quoi! des portraits en pied... debout... assis... penchés... de dos... de face... des portraits à cheval... en voiture... Mais, moi, monsieur, je me rapproche bien plus de la nature; je fais de la photographie en bannière.

MERCURE. En bannière?

BEAU-SOLEIL. Le costume, l'habillement, ôtent au sujet l'allure primitive et naturelle... En bannière, monsieur !... en bannière, madame.

MERCURE. Gazez... gazez !...

BEAU-SOLEIL. L'artifice n'est plus possible... C'est la nature prise sur le fait... Regardez-moi ça. (Il déploie un grand portrait de Mordicus.) Comme c'est parlant... C'est effrayant de ressemblance... L'année prochaine, je m'installe aux bains froids... Tout sera connu... reproduit... affiché à cent mille exemplaires... j'attraperai tout, monsieur, j'attraperai tout !...

AIR : *Du Premier prix.*

Non-seulement la ressemblance
Des nez camards, des yeux pochés
J'attraperai chaque nuance,
Et les défauts les plus cachés.

LA COMÈTE.

Oui, cette nouvelle méthode
Du succès est le pronostic ;
Car c'est un moyen très-commode.
Pour bien attraper le public. (Bis.)

BEAU-SOLEIL, à Mercure. Voilà ma carte, monsieur... Beausoleil! photographe de l'avenir... rue de la Lune... salon pour les dames...

MERCURE, regardant la carte. Dites-donc, farceur, c'est votre portrait... en bannière aussi.

BEAU-SOLEIL. Toujours !...

ENSEMBLE.

AIR : *De la polka des buveurs.*

BEAU-SOLEIL.

De moi, dans plus d'un journal
On pourra dire du mal
Mais cela m'est bien égal
C'est un succès pyramidal.

MERCURE et la COMÈTE.

Que ce projet peu moral
Se termine bien ou mal
Cela nous est fort égal
Laissons-là cet original.

        (Ils sortent chacun d'un côté.)

Quatrième tableau

Le théâtre représente le boulevard Malesherbes le jour de son inauguration.

SCÈNE PREMIÈRE

LE BOULEVARD-MALESHERBES, LE BOULEVARD-DES-CAPUCINES, L'HOTEL-DE-LA-PAIX, Figuration de promeneurs.

CHOEUR.

AIR nouveau de M. Borssat.

Ce boulevard, que rien n'égale,
Inauguré si promptement,
De notre grande capitale,
Sera le plus bel ornement.

MALESHERBES. Eh bien! collègue, me voilà inauguré.

CAPUCINES. Tu y as mis le temps, cher boulevard Malesherbes... on t'avait décrété sous le premier empire... et d'ici à ce que tu sois bâti comme moi, le Boulevard-des-Capucines...

L'HÔTEL-DE-LA-PAIX. Avant que vous n'ayez un Hôtel de la Paix, comme moi...

MALESHERBES. Vous me gêneriez, vous... vous êtes trop grand... trop haut...

SCÈNE II

LES MÊMES, MORDICUS, UN COCHER.

MORDICUS. Satané cocher !... l'inauguration du boulevard Malesherbes, s'il vous plaît.

MALESHERBES. Trop tard... c'est fini depuis une heure.

MORDICUS. Je le lui disais bien... fouettez donc!

LE COCHER. Y a-t-il un pourboire, bourgeois?

MORDICUS. De quoi ! un pourboire... si nous étions arrivés à temps, je ne dis pas...

LE COCHER. C'est pas ma faute... c'est la faute du règlement.

MORDICUS. Quel règlement?

LE COCHER. Qui supprime la mèche de nos fouets.

MORDICUS. La mèche !...

LE COCHER. Nos chevaux ne marchaient pas... zing !... un coup de fouet... la mèche supprimée... ça ne cingle plus... nos bêtes en profitent... et en abusent...

AIR : *Turlurette.*

PREMIER COUPLET.

Chaque cocher se plaisait
A faire claquer son fouet
Maint'nant on nous en empêche
N'y a plus mèche !...

TOUS.

N'y a plus mèche
Non, non, n'y a plus mèche.

DEUXIÈME COUPLET.

Autrefois j' pouvais sans peur
Travailler en maraudeur,
L'inspecteur devient revêche
N'y a plus mèche.

TOUS.

N'y a plus mèche, etc.

TROISIÈME COUPLET.

Dev'nu vieux l'ancien cocher,
Quand il n' pouvait plus marcher,
Roulait dans sa propr' calèche
N'y a plus mèche.

TOUS.

N'y a plus mèche, etc.

SCÈNE III

LES MÊMES, PRUNETTE.

PRUNETTE. Cocher, vous êtes libre.

LE COCHER. C'est mam'zelle Prunette.

MORDICUS. Brunette? tiens, tiens! ..

PRUNETTE. Prunette, s'il vous plaît... (Au cocher.) Conduisez-moi.

LE COCHER. Où ça ?... Mam'zelle ?...

PRUNETTE. Je ne sais pas... toujours tout droit... ah! c'est trop fort !...

LE COCHER. Comme vous v'là agitée... qu'est-ce qu'il y a?

MORDICUS. En effet.

PRUNETTE. Ah ! monsieur, c'est la faute du règlement !...

MORDICUS. Encore un règlement ?

PRUNETTE. Sur les débits de prunes et chinois.

AIR précédent.

PREMIER COUPLET.

Le public aimait à voir
Fleurir dans un beau comptoir
Une pêche...
Plus ou moins fraîche
N'y a plus mèche.

TOUS.

N'y a plus mèche, etc.

DEUXIÈME COUPLET.

A l'aide d'un frais minois
Rien qu'en servant un chinois,
Cupidon lançait sa flèche...
N'y a plus mèche.

TOUS.

N'y a plus mèche, etc.

TROISIÈME COUPLET.

MORDICUS.

J'approuve ce qu'on a fait;
Mais, je conviens qu'en effet
Pour vous c'est un' perte sèche
N'y a plus mèche.

TOUS.

N'y a pus mèche, etc.

MORDICUS. Que voulez-vous? il faut faire une fin... (Au cocher.) Conduisez-là aux Petits-Ménages.

PRUNETTE. Aux Petits-Ménages !... moi !... avec ma figure... avec cette tournure-là .. je t'éclabousserai encore, vieux quinze-vingts. (Au cocher.) Allons !

REPRISE en sortant.

N'y a pus mèche, etc.

SCÈNE IV

LES MÊMES, moins LE COCHER et PRUNETTE.

MALESHERBES, à Mordicus. Monsieur voyage ?...

MORDICUS. Oui.

CAPUCINES. Pour affaire ?

MORDICUS. Non.

L'HÔTEL-DE-LA-PAIX. Pour son plaisir, alors ?...

MORDICUS. Oui, pour mon plaisir... les chemins de fer me tiraillent... les tailleurs me déchirent... les cochers s'endorment... merci !

L'HÔTEL-DE-LA-PAIX. Vous logerez chez moi... Hôtel de la Paix.

MORDICUS. Hôtel de la Paix !...

L'HÔTEL-DE-LA-PAIX.

AIR : Restez, restez, troupe jolie.

Mes murs montent... mon toit se couvre,
Dans peu je prendrai mon essor...
Oui, bientôt à l'hôtel du Louvre,
A l'hôtel Meurice, à Windsor,
Et même à bien d'autres encor
Je fais une guerre acharnée...

MORDICUS.

Puisque la guerre a tant d'attraits
Pour lui... c'est une drôl' d'idée
De s'app'ler l'hôtel de la Paix.

L'HÔTEL-DE-LA-PAIX. Sans compter que je servirai pour ainsi dire de vestibule au nouvel Opéra...

SCÈNE V

LES MÊMES, L'OPÉRA.

L'OPÉRA.

RÉCITATIF.

AIR de Paul Bescade.

Je ne me trompe pas dans ces lointains parages...

(Au chef d'orchestre). Pardon, monsieur, vous n'avez donc jamais accompagné le Grand-Opéra ?... voyons... recommençons ça.

RÉCITATIF.

Je ne me trompe pas, dans ces lointains parages
Une voix inconnue a prononcé mon nom...

MORDICUS. C'est ce monsieur, qui est l'O-péra ?

L'OPÉRA. Académie de musique.

MORDICUS. C'est un académicien ?

MALESHERBES. C'est un théâtre.

CAPUCINES. Rue le Pelletier... provisoirement... depuis quarante ans... et bientôt chez moi.

MORDICUS. Ah! très-bien, un théâtre... on y joue la comédie.

L'OPÉRA. Non, monsieur, on chante et on danse.

MORDICUS. Et on parle ?

L'OPÉRA. Non, monsieur... on récite et on mime; la musique ne s'arrête pas.

MORDICUS. Ça peut être amusant pour le public, mais ça doit fatiguer les musiciens... vous dites qu'on récite... quoi?... les Fables de la Fontaine ?

L'OPÉRA. Non... ce que je vous ai chanté en entrant, c'est du récitatif.

MORDICUS. Alors, on récite, on chante et le public comprend?

L'OPÉRA. Pas toujours... mais c'est un détail.

MORDICUS. Et les acteurs ne se reposent donc jamais?

L'OPÉRA. Si, de temps en temps, on fait venir les chœurs.

MORDICUS. Ah! oui, les chœurs...

L'OPÉRA. Tenez : Chœur des travailleurs.
(Il met les mains dans ses poches.)

AIR de Paul Boscade.

Travaillons, } (bis.)
Piochons,
Du courage
A l'ouvrage.
Travaillons, } (bis.)
Piochons,
Du courage,
Travaillons, (bis.)
Piochons,
Travaillons,
Du courage,
Travaillons.

MORDICUS. Travaillons!... les mains dans vos poches?

L'OPÉRA. Ça se chante comme ça, c'est la tradition. — Chœur de conjurés.

AIR de Paul Boscade.

Dans sa demeure
Nous le tuerons,
Il faut qu'il meure,
Nous le jurons,
Nous le tuerons, } (bis.)
Nous le jurons,
Nous le tuerons!

MORDICUS. Il doit être bien mort, vous le tuez bien des fois.

L'OPÉRA. Ça se chante comme ça, c'est la tradition.

MORDICUS. Je comprends qu'on chante quand on est gai... mais quand on est triste !...

L'OPÉRA. On chante tout d'même... on pleure en chantant... On se bat en chantant... On tue le traître en chantant... On meurt en chantant!...

MORDICUS. Alors l'artiste est toujours en... chanteur... et la danse?

L'OPÉRA. Genre spécial... ça s'appelle un ballet... et les danseuses, le corps-de-ballet.

MORDICUS. C'est donc ça qu'on parlait l'autre jour d'une danseuse, un manche à balai... Et on procède de la même façon? On fait tout en dansant?...

L'OPÉRA. Tout en dansant et en mimant.

(Mimant à mesure.) Tenez, l'amoureux arrive... pose gracieuse... il exprime sa flamme... pantomime sentimentale... Il dit qu'il se tuera si on le repousse... pantomime énergique... la future arrive... pose gracieuse... les parents arrivent... tableau !... ils consentent... re-tableau... le futur danse... si c'est un marin... le pas du matelot... (Il danse le pas du matelot.) Si c'est un paysan... la bourrée...

MORDICUS. Un paysan... laboureur?

L'OPÉRA. Non... un pas qui s'appelle la bourrée. (Il danse la bourrée.) Si c'est un Jocrisse... pas comique. (Il danse un pas comique.) On unit les amants... pas d'ensemble.

MORDICUS. Pas d'ensemble?... tant pis!...

L'OPÉRA. Non!... un pas d'ensemble... Tenez (indiquant chaque danse à mesure.) Le père... la mère... le futur... la future... le notaire... les invités... re-re-tableau... ballet général!...

(Il tombe dans les bras de Mordicus.)

MORDICUS. Coup de balai général!... Oui, ça doit faire de la poussière... Diable!... Il y aura du coton...

L'OPÉRA. A l'Opéra?... parbleu!...

MORDICUS. J'irai vous voir.

L'OPÉRA. Quand vous voudrez... dans deux ans je serais prêt...

REPRISE DU CHŒUR.

Ce boulevard que rien n'égale, etc.

(Tous sortent, à l'exception de Mordicus.)

SCÈNE VI

MORDICUS, puis MERCURE et LA COMÈTE.

MORDICUS. Je suis allé à l'Opéra, gratis, moi !

MERCURE. Ah! le voilà.

LA COMÈTE. Et r'habillé.

MORDICUS. De pied en cap!... Ils en sont pour leurs frais les deux grosses caisses... Je suis allé au *Bon Diable*... vingt-neuf francs !... et un peu ficelé... hein?

MERCURE.

AIR : *Voltaire chez Ninon.*

Eh quoi ! l'habillement complet
Pour vingt-neuf francs, cela m'étonn .

MORDICUS.

Oui, pantalon, habit, gilet
L'occasion m'a paru bonne
Je n'avais... c'est embarrassant...
Que mon caleçon pour égide.

MERCURE, tâtant les habits de Mordicus.

Si le costume est plus décent
L'étoffe n'est pas plus solide.

MORDICUS. Laisse-donc!.. garanti bon teint . indécousable et tout laine....

SCÈNE VII

LES PRÉCÉDENTS, MADAME PICPUS, LE PÉDICURE.

ENSEMBLE.

AIR nouveau de M. Borssat.

L'industrie enfante
De nombreux travaux,
Chaque jour invente
Des produits nouveaux.

MADAME PICPUS à la Comète. Madame...

LE PÉDICURE. Messieurs...

MORDICUS. Ah! toujours la même rengaine... C'est donc un tic à Paris de parler tous ensemble... Honneur au sexe!... (au pédicure.) Restez là-bas, vous.

LE PÉDICURE. Je mets ma science à vos pieds.

MORDICUS. N'insistez pas, vous me feriez monter le sang à la tête... (Le pédicure remonte — à madame Picpus.) Voyons, belle dame...

MADAME PICPUS. Madame Picpus... pour vous servir.

MERCURE. Pour nous servir quoi ?...

MADAME PICPUS, offrant des jarretières à la Comète. Préservez-vous, madame.

LA COMÈTE, riant. Des jarretières!... j'en ai...

MADAME PICPUS. Pas comme celles-ci... parfois... sous un bas de soie... un ennemi presque invisible... dame! il n'est pas gros... et la garde qui veille...

MORDICUS, impatienté. Connu!... connu!... après?...

MADAME PICPUS. Après!.. Vous n'avez donc pas lu mon annonce à la quatrième page des grands journaux?

MORDICUS. Ils mettent tant de bêtises à la quatrième page!... quelle annonce?

MADAME PICPUS, lisant sur un journal. « Ceinture et jarretière *Tue-puces*, infaillible pour tous âges et sexes. » NOTA. « Aucune puce ne peut franchir cette jarretière sans s'y arrêter et mourir. »

MERCURE. Et mourir!

MADAME PICPUS.

AIR de Lauzun.

L'imprudente, ignorant son sort,
Faisant l'école buissonnière,
Vient trouver le coup de la mort
Sur le seuil de ma jarretière.

MORDICUS.

Grâce à ce produit destructeur,
Dans une noce tout entière,
On n' trouv'ra plus d' garçon d'honneur
Pour détacher la jarretière.

LA COMÈTE. En voilà une invention!

MORDICUS. Peu commode à expérimenter... car enfin...

MADAME PICPUS, avançant sur lui et faisant mine d'ouvrir une petite boîte. Rien de plus simple, monsieur, j'ai toujours sur moi ce qu'il faut...

MORDICUS, reculant. Ce qu'il ne faut pas... dites donc!...

MADAME PICPUS. N'ayez pas peur... la jarretière est infaillible... Tenez... en vous mettant à la cheville, un seul de ces parasites...

MORDICUS, la repoussant. Non... merci... merci!... conservons les distances.

MADAME PICPUS. Comme vous voudrez.

(Elle remonte.)

MORDICUS. Rien que d'y penser... (Il se gratte les jambes.)

LE PÉDICURE, s'avançant rapidement. Monsieur souffre des pieds?... déchaussons! déchaussons!

MORDICUS. Je n'ai pas besoin de chaussons... (A part.) C'est un cordonnier.

LE PÉDICURE, faisant mine de lui ôter sa chaussure. Déchaussons!... déchaussez-vous!...

MORDICUS. Que je me déchausse... Pourquoi faire?

LE PÉDICURE. Vous avez vu mes tableaux.

MORDICUS. Nous ne sommes pas encore allés au musée... Quels tableaux?...

LE PÉDICURE. Pas au musée... sur les boulevards... rue de Rambuteau... rue de Rivoli... partout... Je suis pédicure, monsieur!

MERCURE. Oui, les pédicures sont en boutique, maintenant.

MORDICUS. C'est vrai, j'en ai vu un à côté d'un pâtissier... ce voisinage m'a paru d'une propreté douteuse.

LE PÉDICURE. Pourquoi donc, monsieur?... J'opère au grand jour comme les photographes... je fais la guerre à toutes les excroissances épidermiques du pied humain, aux cors les plus rebelles, aux durillons les plus invétérés. Confiez-moi votre pied gauche... instantanément, je vous crève l'œil...

MORDICUS. Hein?

LE PÉDICURE. L'œil de perdrix que vous devez avoir au gros orteil.

MORDICUS. Que je dois avoir... il est bon là...

LE PÉDICURE. Du reste, vous allez en juger. (Un domestique entre, traînant une petite voiture basse et entourée d'un cadre. Le pédicure écarte les rideaux. On voit alors la reproduction des tableaux qui sont chez les pédicures. L'opérateur et la cliente sont immobiles.) Voyez, messieurs; voyez, madame... cet opérateur à l'air si spirituel... si distingué... c'est votre serviteur... Admirez le mécanisme... (Musique. Les deux personnages du tableau font les mouvements mécaniques.) C'est joli!... hein?

(Il ferme les rideaux. La voiture s'en va.)

MORDICUS. Oui, mais j'aime mieux Guignol.

LE PÉDICURE.

AIR : *Du Luth galant.*

Vous le voyez, sans douleur, sans efforts,
A bon marché j'extirpe tous les cors
Avec mon procédé la guérison est sûre.

MORDICUS.

Oui l'on voit à votre air comme à votre tournure
Qu'il faut, pour devenir un savant pédicure,
Être un drôle de corps (*bis*).

(Le pédicure remonte.)

SCÈNE VIII

LES MÊMES, LE BAZAR.

(Tenue riche, de mauvais goût, chaînes de montre, de gilet, bagues, boucles d'oreilles, foulard sortant de la poche. Il tient un plan d'une main, un mètre de l'autre. Il entre en bousculant tout le monde.)

LE BAZAR, voix enrouée. Gare-là... gare.

LA COMÈTE. Qu'est-ce qu'il veut, celui-là?

LE BAZAR. Allons, boust! de la place!

MERCURE. Ce n'est pas un homme, c'est une avalanche!

LE BAZAR, prenant des mesures. Vingt sur quarante... cent soixante-sept sur... (Poussant Mordicus.) Otez-vous donc, que diantre!

MORDICUS. Où voulez-vous que je me mette?

LE BAZAR. Nulle part, cette place est à moi... c'est un peu étroit... mais bah! pourvu que j'y puisse mettre mes neuf cent quatre vingt-quinze mille porte-mouchettes...

MORDICUS. Neuf cent quatre vingt-quinze mille porte-mouchettes!... miséricorde! que de chandelles! et vous êtes?...

LE BAZAR. La Providence des petites bourses, le fournisseur universel de l'ouvrier... en un mot, monsieur, je suis le Bazar!

MORDICUS. Le Bazar?

LE BAZAR, criant. A sept... à treize... à dix-neuf... à vingt-neuf... à trente-neuf...!

LA COMÈTE. Et ainsi de suite.

LE BAZAR. Coutellerie, parfumerie, bimbeloterie, poterie, confiserie, bonneterie; voyez, voyez voir à sept, à treize, à dix-neuf!...

MERCURE. Mais, dites-moi donc, mon gaillard, il me semble que depuis quelque temps vous prenez des dimensions...

LE BAZAR, poussant Mordicus. Fabuleuses!... renversantes!...

MORDICUS. Voyons! ne me renversez pas...

LE BAZAR. Et tout Paris y passera.

AIR : *Du Bénéficiaire.*

Oui monsieur, je fais fureur,
J'accapare l'acheteur,
Mais ce n'est rien encor,
J'irai de plus fort en plus fort;
J'ai mon plan, et, sans retard,
Je veux l'exécuter, car
Tout Paris, tôt ou tard,
Ne s'ra qu'un vaste bazar.

Sur les places publiques,
Petites boutiques
Qu'on voyait autrefois,
Je vous dépasse cent fois.
C' n'est plus par douzaine,
C' n'est pas par centaine,
Par milliers, par millions
Je vends mes productions.
Les gens qui n'ont pas le fil,
Se diront : « Comment fait-il ? »
Et chacun, tout surpris
D'acheter à si bas prix,
S'écrira : « Ça fait pitié!
Sur chaqu' chose il perd moitié. »
Mais mon habileté
S' rattrap' sur la quantité.
Par ma méthode efficace,
Dans quelque quartier qu'on passe,
Chaque chose aura sa place,
On trouv'ra
Oui-da,
Aux grands quartiers... le futile,
Aux petits quartiers... l'utile,
La cam'lote, le fragile,
Au quartier Bréda.
Je s'rai, c'est pyramidal,
Colossal,
Monumental,
Sans égal,
Sans rival
Un arsenal
Commercial.
Oui, je veux, embrassant tout,
Pour tous et pour chaque goût,
Tenir tout, et surtout
Vendre de tout, et partout.
Je prétends m'étendre
Et je veux tout prendre,
De Bercy
A Passy,
De Montrouge au pont d'Ivry,
Puis de la Chapelle
Au pont de Grenelle;
Et du quai Malaquais
Au théâtre Beaumarchais.
Je prendrai, c'est très-certain,
Tout le faubourg Saint-Martin,
Tout le quartier Latin,
Toute la chaussé' d'Antin,
Tout...

MORDICUS.

Où s'arrêtera-t-on?
En continuant sur ce ton;
Vous risquez, mon fiston,
De finir à Charenton.

LE BAZAR. A Charenton? pourquoi pas?... Voyez mon plan...

MORDICUS. Cher Bazar, ne bazardons pas davantage. Je n'ai pas le temps... (A Mercure.) Et le parc Monceaux?...

MERCURE. Ah! c'est juste, nous devons assister à sa soirée.

LA COMÈTE. Le parc Monceaux donne une soirée?

MORDICUS. Oui, pour sa réouverture.

LA COMÈTE. Et on dansera?

MERCURE. Parbleu, on pincera son petit cancan...

LA COMÈTE. Oh!

MERCURE. Bah! on cancane un peu... partout.

AIR élastique : *Allons-y tout d' même.*

On cancane (*bis*)
Et ce bon public ricane
On cancane (*bis*).
Partout.
Et suivant son goût.

LA COMÈTE.

PREMIER COUPLET.

Sur l'heureux boursicotier,
Qui, naguère sans ressource,
N'avait, entrant à la Bourse,
Ni crédit ni mobilier,
On cancane, etc.

TOUS.

On cancane, etc.

DEUXIÈME COUPLET.

LE PÉDICURE.

Dans un village charmant,
Sur une aimable fermière,
Qui n' pouvait pas êtr' rosière,
Parc' qu'elle avait un enfant,
On cancane, etc.

TROISIÈME COUPLET.

LA COMÈTE.

Sur l'actric' des Délassements,
Qui, malgré les réprimandes,
Paye au théâtr' plus d'amendes
Qu'ell' n'y reçoit d'appointements.
On cancane, etc.

QUATRIÈME COUPLET.

MADAME PICPUS.

Si la brun' de l'entresol,
Dont l'époux est à la chasse,
Chante avec le blond d'en face
Un' romance en si bémol,
On cancane, etc.

CINQUIÈME COUPLET.

LE BAZAR.

Si, par hasard, mon portier,
Qui craint le froid en décembre,
Met quéqu' fois la robe de chambre
Du gros monsieur du premier,
On cancane, etc.

SIXIÈME COUPLET.

MORDICUS.

La France a de bons marins,
Sans orgueil elle s'en flatte...
Qu'elle lance une frégate,
Aussitôt chez les voisins.
On cancane, etc.

TOUS.

On cancane, etc.

(Sur la reprise, sortie générale.)

Cinquième tableau

Le théâtre représente un coin du parc Monceaux.

SCÈNE PREMIÈRE

LE BOIS-DE-BOULOGNE, LE CHALET-DES-ILES, LE CHATEAU-DES-FLEURS, entrant de droite; puis LE BOIS-DE-VINCENNES, LE LUXEMBOURG, LE PARC-D'ASNIÈRES, LE PRÉ-AUX-CLERCS ,entrant de gauche.

CHOEUR.

Air : *De la Poupée de Nuremberg,*
Sans hésiter (Allez vous asseoir.)

Puisqu'en ami
Il veut chez lui
Nous recevoir tous aujourd'hui;
Anciens, nouveaux,
Quoique rivaux
Nous venons voir le parc Monceaux.

LE PRÉ-AUX-CLERCS. Exacts au rendez-vous, Bravo! (Les désignant.) le Luxembourg, le Bois-de-Boulogne, le Châlet-des-Iles, le Bois-de-Vincennes, le Parc-d'Asnières, le Château-des-Fleurs, et votre serviteur le Jardin-du-Pré-aux-Clercs; les autres viendront ce soir... Mes enfants, vous savez que nous avons déposé au vestiaire tout sentiment de jalousie... Le Parc-Monceaux s'est fait r'habiller à neuf... Il nous a invités en bon collègue... Ne pensons qu'à nous amuser...

TOUS. Oui, oui...

LE PRÉ-AUX-CLERCS. Ah! des visiteurs déjà.

SCÈNE II

LES MÊMES, MORDICUS, MERCURE, LA COMÈTE.

MORDICUS.

Air : *Du Tra la la.*

Touristes en voyage,
Nous v'nons du parc Monceaux.

LA COMÈTE.

Admirer le feuillage,

MERCURE.

Et les petits ruisseaux.

LE PRÉ-AUX-CLERCS, à Mordicus.

Soyez les bien venus,
Cher monsieur..

(Parlé.) Comment vous appelez vous?...
MORDICUS. Mordicus.
LE PRÉ-AUX-CLERCS. Ah! diable... ça ne rime pas... Bah! en faisant sonner l's...
(Reprenant l'air.)

Soyez les bienvenus,
Cher monsieur Mordicus,
Aux jardins, comme aux bois,
Vous plaisez tous les trois.

MORDICUS. Vous êtes bien bons... Aussi vous nous recevez...

TOUS, finissant l'air.

Sur l'air du tra
La la la, etc.

MORDICUS. Ah! vous êtes des jardins et des bois. (Allant au milieu d'eux.) Promenons-nous dans les bois. (Au Pré-aux-Clercs.) Aimable jardin, suppose que je sois parterre...
LA COMÈTE. Comment, par terre?
MORDICUS. Un parterre de fleurs... Tu m'arroserais... tu me bichonnerais...
LE PRÉ-AUX-CLERCS. Fais-moi penser à ça demain matin, ma vieille.
MORDICUS, à part. Elle m'a appelé ma vieille... douce et champêtre familiarité... (Haut.) Suppose que je sois gazon...
MERCURE. Gazons... gazons...
MORDICUS, à Mercure. Tu diras ce que tu voudras, je suis coiffé de son petit chapeau...
MERCURE. On a un peu ménagé l'étoffe.

LA COMÈTE.

Air : *En vérité je vous le dis.*

On a porté des bolivars
Qui dorment au musée antique;
Maint'nant l' chapeau microscopique
S'étale sur les boulevards.

MORDICUS.

A tout changer, on s'évertue
Mais un mari, qu'on peu' loi'er,
M'a dit : « La tête s'habitue
A tout ce qu'on lui fait porter. »

LE PRÉ-AUX-CLERCS. Voilà encore des invités... Quelles bonnes touches!...

(Tous rient.)

SCÈNE III

LES MÊMES, TIVOLI, MARBEUF, BEAUJON, vieux et cassés, costume jeune et coquet des élégants de mil huit cent vingt-cinq : Tivoli, perruque blonde; Marbeuf, cheveux gris frisés; Beaujon, ailes de pigeon.

CHOEUR.

Air nouveau de M. Dornent.

D'où sortent ces grotesques?
Leurs profils surprenants;
Leurs costumes burlesques
Sont vraiment épatants.

TIVOLI, galamment. Salut à la beauté!... salut à la fraicheur!... Vous ne nous reconnaissez pas?...
LE PRÉ-AUX-CLERCS. Pas du tout!
TIVOLI. C'est vrai... vous êtes trop jeunes...
MERCURE. Joli défaut.

TIVOLI, à Mordicus. Mais vous, monsieur, qui êtes vieux?
MORDICUS. Comment, vieux!
TIVOLI. Plus vieux.
MORDICUS. De quoi... pluvieux... Voyons! vous êtes...
TIVOLI. Un trio bien cher à la jeunesse de mil huit cent vingt-cinq : Marbeuf, Beaujon et... (Saluant.) Tivoli.
TOUS. Tivoli!
LE PRÉ-AUX-CLERCS. Vous nous parlez de loin là, mon brave. On peut dire la vérité aux morts... vous êtes dépassé... distancé... éclipsé... ratissé!...
TIVOLI. Assez!

Air : *Heureux habitants.*

Quoique démoli,
Moi, Tivoli,
Je prétends être
Un gai souvenir
Pour tous les danseurs à venir.
Un charmant jardin,
Que le gandin
N'a pu connaître,
Et qui fut jadis
Des femmes le vrai paradis.
On m'a renversé!
On me dira : « C'est la manie
De l'homme enfoncé
De vanter toujours le passé.
A bas les censeurs. »
Voyons donc sans acrimonie
Si mes successeurs
Ont mérité tant de douceurs.
Chez moi, les parents
Pouvaient amener leurs familles;
Là, petits et grands,
Sans rougir, confondaient leurs rangs.
Chez vous, par hasard,
Si l'on mène une jeune fille,
Il faut sans retard
Se réfugier chez Musard.
En passant mon seuil,
La jeunesse un peu moins dorée,
Trouvait bon accueil
Et n'avait pas d' carreau dans l'œil.
Guindés, goguenards,
Traînant une nymphe plâtrée,
Vos jeunes vieillards,
Sont gais comme des corbillards,
Pour nous attirer.
Chez moi, les femmes élégantes
Savaient se parer
Sans vouloir tout exagérer;
Un cerceau de fer
Rend vos robes extravagantes;
Ces dam's, d'un air fier,
Fument comme un vieux loup de mer.
Bref, dans vos jardins,
Si la moral' gène, on enjambe.
Les biches, les daims,
Prennent des airs plus que badins,
On est moins vêtu,
On y lève un peu plus la jambe.
Quant à la vertu,
Turlututu
Chapeau pointu.
Quoique démoli,
Moi, Tivoli, etc.

MORDICUS.

Tu es démoli, je le regrette...

(Chantant sans musique.)

Quoique démoli,
Moi, Tivoli...

MERCURE. Tais-toi donc, on n'a pas demandé bis.
LE PRÉ-AUX-CLERCS. Ah! voici le maître du logis, le Parc-Monceaux.

SCÈNE IV

LES MÊMES, LE PARC-MONCEAUX.

CHOEUR.

Air nouveau de M. Borssat.

Salut au parc aimable,
Qui nous fait aujourd'hui,

Pour nous être agréable,
Les honneurs de chez lui.

LE PARC-MONCEAUX.

Qu'ici chacun agisse
En toute liberté.
Qu'aux amis même on puisse
Dire la vérité.

REPRISE DU CHOEUR.

Salut au parc aimable, etc.

MORDICUS. C'est ça, disons-nous la vérité, ça sera amusant... Je commence, Tivoli, tu n'es qu'un vieux cascadeur...

MERCURE. Voyons! voyons!...

MORDICUS. Que veux-tu? la vérité est sortie de son puits...

LA COMÉTE. Vous n'étiez pas là.

MORDICUS. Non, malheureusement...

MERCURE. Tu dis?

MORDICUS. Sufficit... Je m'entends. (Au Parc-Monceaux.) Jeune parc, vous avez la parole.

LE PARC MONCEAUX.

Air de Gourlier (Paris-Journal),
Quel est le pays que l'on admire?

PREMIER COUPLET.

Dites, enfants, comment s'appelle
Le parc si cher aux jouvenceaux?

TOUS.

Monceaux!

LE PARC-MONCEAUX.

Qui donne une fraîcheur nouvelle
A ses bosquets, à ses berceaux?

TOUS.

Monceaux!

LE PARC-MONCEAUX.

A Vincennes, plus d'un ivrogne
Marche d'un pas un peu troublé,
Et l'on voit au bois de Boulogne
Du joli monde un peu mêlé. (*Bis.*)
Tivoli... Marbeuf.

TOUS.

Beuf, beuf, beuf, beuf.

LE PARC-MONCEAUX.

Tout ça n'est pas neuf. (*Bis*).

TOUS.

Neuf, neuf, neuf, neuf.

LE PARC-MONCEAUX.

Et même au parc d'Asnières,
Cher aux canotiers.

TOUS.

Tiers, tiers, tiers, tiers.

LE PARC-MONCEAUX.

On a vu des portiers.

TOUS.

Tiers, tiers, tiers, tiers, tiers, tiers.

LE PARC MONCEAUX.

Avec des cuisinières...

TOUS.
(*Parlé.*) Oh!

REPRISE. — ENSEMBLE.

Tivoli... Marbeuf, etc.

DEUXIÈME COUPLET.

LE PARC-MONCEAUX.

Qui peut faire la concurrence
Aux casinos,
Aux villes d'eaux?

TOUS.

Monceaux!

LE PARC-MONCEAUX.

Qui doit avoir la préférence
Des lions et des lionceaux?

TOUS.

Monceaux.

LE PARC-MONCEAUX.

Le Luxembourg met des mitaines;
Il est par trop collet monté.
L' Pré-aux-Clercs fait trop ses fredaines;
C'est un jardin très-mal noté. (*Bis.*)
Tu portais, Beaujon. (*Bis.*)

TOUS.

Jon, jon, jon, jon.

LE PARC-MONCEAUX.

Des ail' de pigeon. (*Bis.*)

TOUS.

Jon, jon, jon, jon.

LE PARC MONCEAUX.

Mais sans que l'on en glose,
Dans plus d'un jardin.

TOUS.

Din, din, din, din.

LE PARC-MONCEAUX.

Le joyeux citadin.

TOUS.

Din, din, din, din, din, din.

LE PARC-MONCEAUX.

Souvent porte autre chose.

TOUS.

(*Parlé.*) Oh!

REPRISE EN CHOEUR.

Tu portais Beaujon, etc.

LE PARC-MONCEAUX. Maintenant, mes amis, venez voir les beautés de mon nouveau domaine.

REPRISE DU CHOEUR.

Salut au parc aimable, etc.

(Sortie générale des Bois et des Jardins.)

SCÈNE V

MORDICUS, MERCURE, LA COMÉTE;
puis LA PIÈCE DE CINQ FRANCS.

MORDICUS. Je ne suis pas fâché d'être venu à Paris... Je ne suis pas fâché d'avoir vu le parc Monceaux... Je ne suis pas fâché d'avoir fait connaissance avec le vieux Tivoli... Je ne suis pas fâché...

MERCURE, impatienté. Ah! la suite au prochain numéro ou je me fâche...

MORDICUS. Le temps est au beau... le mercure monte!...

LA PIÈCE DE CINQ FRANCS. Ah! messieurs! ah! madame!... de grâce!... sauvez-moi!... cachez-moi!... ils me poursuivent.

(Elle se réfugie près de Mordicus.)

MORDICUS. Eh bien! quoi? est-ce qu'elle va se mettre dans ma poche?

MERCURE. C'est sa place... la Pièce de Cinq francs!...

LA COMÉTE. La Pièce de Cinq francs!...

MERCURE. D'argent.

LA PIÈCE DE CINQ FRANCS.

Air : *l'Amour, qué que c'est que ça?*

La Pièc' de cinq francs,
Fidèle
A ses soupirants;
Qui, malgré les récalcitrants,
Revient sans qu'on l'appelle;
Elle est neuve et belle,
La Pièc' de cinq francs.
L'argent n'est pas poltron,
Malgré sa face blanche;
Il vient d'mander sa r'vanche
A l'or, jaune comme un citron.
L'or brillait,
L'or raillait,

Et les mains dans leurs poches,
Les garçons folichons,
Déjà de leurs sacoches
Avaient fait des torchons.

REPRISE. — ENSEMBLE.

La Pièce de cinq francs, etc.

MORDICUS. Le fait est que vous êtes belle et neuve... Vous sortez de la Monnaie?... voyons donc le millésime...

MERCURE. Eh bien, gros indiscret.

MORDICUS. J'ai la vue basse et je voulais m'assurer... Je suis fâché de ne pas avoir apporté mon télescope.

LA PIÈCE DE CINQ FRANCS, qui a remonté, redescendant rapidement. Ah! les enragés, les voilà encore!...

SCENE VI

LES MÊMES, LE GANDIN, LA LORETTE, L'AUVERGNAT.

CHOEUR DES TROIS ARRIVANTS.

Air nouveau de M. Borssat.

Elle aura beau faire
Plus moyen de fuir;
Cette fois, j'espère
Enfin la saisir.

(Mordicus se place entre eux et la Pièce.)

LA PIÈCE DE CINQ FRANCS. Mes trois persécuteurs les plus acharnés... le Gandin... la Lorette et l'Auvergnat.

MORDICUS. Tiens!... il vient de Chaint-Flour, celui-là!...

LA PIÈCE DE CINQ FRANCS.

Air : *Tonton tontaine.*

PREMIER COUPLET.

Ils aiment à faire la chasse,
Aux pièces de cent sous, dit-on,

TOUS.

Ton ton, ton ton, ton taine, ton ton.

LA PIÈCE DE CINQ FRANCS.

Mais si je les regarde en face,
Il leur faudra changer de ton.

TOUS.

Ton ton, etc.

DEUXIÈME COUPLET.

MERCURE, au gandin.

Pour contenter tes goûts bizarres,
Tu veux de l'argent, mon fiston.

TOUS.

Ton ton, etc.

MERCURE.

Pour payer tes gants, tes cigares,
Et les chapeaux de Margoton.

TOUS.

Ton ton, etc.

TROISIÈME COUPLET.

LA COMÉTE, à l'Auvergnat.

De l'Auvergne, aimable patrie,
Tu voudrais, charmant rejeton...

TOUS.

Ton ton, etc.

LA COMÉTE, montrant la Pièce.

La laisser dormir, je parie,
Au fond d'un vieux bas de coton.

TOUS.

Ton ton, etc.

QUATRIÈME COUPLET.

MORDICUS, à la Lorette.

Il faut de l'argent, ma commère,
Pour ton groom et ton phaéton.

TOUS.

Ton ton, etc.

MORDICUS.

Pendant qu'à se loge ta mère
Mange un restant de miroton.

TOUS.

Ton ton. etc.

(Ritournelle de l'air du *Roi de Béotie*.)

LA PIÈCE DE CINQ FRANCS. Ah! mon Dieu!
MERCURE. Qu'est-ce encore?
LA PIÈCE DE CINQ FRANCS. Je le reconnais...
En voilà un qui vient de loin pour m'attraper!...

SCÈNE VII

LES MÊMES, ORÉLIE-ANTOINE I⁰ʳ.

(Orélie-Antoine I⁰ʳ est en costume de Peau-Rouge;
par-dessus, manteau de drap d'or en loques; lo-
que sur la tête; tire-lire en fer-blanc dans la main
gauche; plume derrière l'oreille; anneau dans le
nez; boucles d'oreille. Il est suivi de quatre enfants
habillés : l'un, en soldat; l'autre en avocat;
le troisième, en garçon de recette; le quatrième,
en cuisinier.)

MORDICUS. Quel est cet original?
ORÉLIE, accent gascon très-prononcé. Orélie-Antoine
premier.
MORDICUS. Connais pas.
ORÉLIE. Hé donc! Orélie, ancien avoué à
Périgueuses... aujourd'hui roi d'Araucanie.
MORDICUS. Connais pas.
ORÉLIE. Au Chili.
MORDICUS. Ah! connu, celui-là... à l'Ambigu!
ORÉLIE. Eh! non, bestiasse... Dans l'Amérique
du Sud.

AIR : *Du roi de Béotie.*

PREMIER COUPLET.

Je suis le roi d'Araucanie,
Quoique natif du Périgord.
Plus d'un journal me calomnie,
Pour m'éreinter, tous sont d'accord.

(A la Pièce de cinq francs.)

Ma cuisine est très-peu fournie,
Mon peuple est sens dessus dessous.
De dîner il a la manie,
Et tu peux bien prêter cent sous
Au pauvre roi d'Araucanie. (*Bis.*)

DEUXIÈME COUPLET.

MERCURE.

Il a fait une circulaire,
Dont le style est vraiment coquet ;
Il avoue, en roi populaire,
Qu'il manqu' de tout, comm' Bilboquet.
Mais, dans sa nouvelle patrie,
Il veut créer, comme chez nous,
Théâtre, armée, académie,
Et tu peux bien prêter cent sous
Au pauvre roi d'Araucanie. (*Bis.*)

TROISIÈME COUPLET.

MORDICUS.

Le clou doré manque à son trône
Il n'a ni sophas ni coussins,
Il vient te demander l'aumône
Pour équiper trois fantassins.
De l'or de la Californie
Il a le droit d'être jaloux,
Mais sa caisse est si peu garnie,
Que tu peux bien prêter cent sous
Au pauvre roi d'Araucanie. (*Bis.*)

(A la fin de chaque couplet, Orélie agite sa tire-lire,
dans laquelle on entend résonner deux ou trois
sous.)

ORÉLIE. J'ouvre une souscription nationale
pour mes premiers besoins.
MORDICUS. Tiens! un royaume par souscription...
c'est une idée.
LA COMÈTE. Et avez-vous déjà reçu quelque
chose?

ORÉLIE. Oh! oui... J'ai reçu soixante-quinze
mille... demandes d'emploi.
MERCURE. C'est toujours ça.
MORDICUS. Pardon... Votre suite se compose
donc uniquement de ces petits bonshommes?...
ORÉLIE. Simple especimen... mon bon
histoire d'indiquer que j'aurai un trésor public...
une force de terre et de mer... des
tribunaux et des cuisines.

MORDICUS.

AIR : *De l'Intérieur de l'Étude.*

Pour la justice, la finance,
L'armée et cœtera... le roi
A pris ces messieurs, qui, je pense,
Sont bien jeunes pour leur emploi.

MERCURE.

Du progrès c'est le vrai symptôme,
Et le roi peut s'en applaudir.
On voit qu'il s'agit d'un royaume
Qui ne demande qu'à grandir.

(Orélie agite sa tire-lire.)

LA PIÈCE, à Orélie. Mon cher monsieur, on
n'improvise pas un royaume comme on
monte une étude d'avoué... Je ne puis rien
vous faire.
MERCURE, aux quatre personnages. Allons, en
chasse les quatre mendiants!

(Les quatre remontent.)

LA COMÈTE. Mais, à qui te donneras-tu
donc?...

SCÈNE VIII

LES MÊMES, LA CHARITÉ, épanouie, souriante,
en costume de bal, un bouquet à la main.

LA CHARITÉ. A moi... la Charité.
TOUS. La Charité.
LA COMÈTE. En robe de bal... avec un bouquet...
des fleurs dans les cheveux...
LA CHARITÉ. Pourquoi pas?... Je suis la
Charité en rose...

AIR : *Des Charmeurs.*

C'est en dansant, en chantant
Qu'aujourd'hui chez nous on donne,
Quand on a le cœur content,
Le plaisir rend l'âme bonne...
Ne peut-on faire le bien
Sans prendre un air lamentable ?
Moi, j'ai trouvé le moyen
D'être utile autant qu'aimable,
Et cela ne gâte rien.
Je puis bien rire,
Et la sévère austérité
N'a rien à dire :
Je suis la Charité.

MORDICUS, à Mercure. Dis donc... elle est
charmante, cette Charité... si elle voulait me
faire l'aumône.
MERCURE. Oui, je t'en casse.
LA CHARITÉ, à Mordicus. Monsieur prend-il des
billets pour mon prochain concert de bienfaisance?...
MORDICUS, empressé. Madame... Je serais trop
heureux de...
LA CHARITÉ. C'est vingt francs... Il y aura
une loterie.
MORDICUS, même jeu et en prenant. Ravi de gagner
près de vous...
LA CHARITÉ. C'est dix francs.
MORDICUS, à Mercure. As-tu vu comme elle
m'a regardé!... (Haut, et payant.) Ah! belle
dame permettez-moi d'espérer...
LA CHARITÉ. Espérez, monsieur, la Charité
est sœur de l'Espérance...
MORDICUS. D'espérer qu'un jour j'aurai le
droit...
LA CHARITÉ. Je respecte tous les droits...
surtout celui des pauvres. (Elle salue et remonte.)
MORDICUS, à Mercure. Hein? elle me prend
donc pour un pauvre?...

MERCURE. D'esprit, mon bonhomme.
LA PIÈCE DE CINQ FRANCS, à la Charité. Ta quête
sera bonne, car je me donne à toi seule...
Quand l'argent peut faire le bien, il doit se
trouver trop heureux.

CHŒUR, moins LA CHARITÉ.

AIR : *Va mon ami, je comprends bien sa peine.*
(*Hôtel des Haricots.*)

Du ciel chez nous c'est l'humble messagère,
Bénissons tous, amis, la Charité ;
Elle soulage en secret la misère,
Elle soutient l'honnête pauvreté.

LA CHARITÉ.

L'argent, chez ceux que le luxe accompagne,
De son courant n'a qu'à se détourner ;
Mais, pour celui qui sait comme on le gagne,
Il est encor doux de donner.

REPRISE DU CHŒUR.

MERCURE. Et nous, aux illuminations!...

(Musique. Changement.)

Sixième tableau

Le théâtre représente le parc Monceaux illuminé, le
soir de l'inauguration. — Tous les jardins. —
Grande figuration.

CHŒUR.

AIR nouveau de de M. Boissat.

Laissons dire les gens moroses
Par le progrès toujours surpris,
Applaudissons aux grandes choses
Qui transforment le vieux Paris.

LE PARC-MONCEAUX.

Le Parisien se sent renaître,
Il peut du moins, à son réveil,
Trouver, en ouvrant sa fenêtre,
L'air et l'espace et le soleil.

REPRISE DU CHŒUR.

Laissons dire les gens moroses, etc.

Septième tableau

BALLET

FIN DU PREMIER ACTE.

ACTE DEUXIÈME

Huitième tableau

Le théâtre représente l'esplanade des Invalides.

SCÈNE PREMIÈRE

LEFÉVRE, CHOPINETTE, MÉDARD, MORDICUS,
INVALIDES, SOLDATS.

(Médard et Mordicus, assis à une table à droite, Chopinette
et Lefèvre, à une autre table à gauche.)

CHŒUR : AIR du *Val d'Andorre.*

AIR : *Tambour, toi qui guides nos pas.*

Nos fils reviennent de là-bas,
L'honneur les guidait aux combats.
Quand le devoir arme nos bras,
Le sol enfante des soldats.
De la gloire éternel symbole,
Le drapeau français a montré
Que des anciens vainqueurs d'Arcole
Les fils n'ont pas dégénéré.
Tambour battant,
La France est toujours en avant. (*Bis.*)

LEFÉVRE, se levant. Oui, mes enfants, c'est moi, Lefèvre, ex-troubadour de l'ex-trente-deuxième, qui paye une tournée en l'honneur de Chopinette, mon ami, ci-présent. Il attend d'un moment à l'autre son fils Zidore, un marin de la frégate *la Forte*, un Jean-Bart en herbe, qui revient de Chine.

MORDICUS. Ah! ah! oui... de Chine!

LEFÉVRE. Avec un petit magot et complet, rien de cassé, plus heureux que son auteur, qui a oublié une patte à Constantine. (Levant son verre.) A la vôtre, respectivement!

(Il se rassied.)

TOUS. Vive le père Lefèvre!

MORDICUS, à Médard. Tel que vous me voyez, sergent, je suis venu pour étudier de près ces braves enfants de la victoire. Quand je lis dans le journal les marches, les contre-marches, ça m'embrouille.

MÉDARD. Aisé à tirer au clair. (Appelant.) Garçon, un pot majeur, c'est le bourgeois qui paye.

MORDICUS. Trop honnête!

MÉDARD. Je suis pas difficile. Qu'y en ait beaucoup et que ça soit bon!

(On apporte un pot de vin.)

MORDICUS, versant. Ainsi, que de fois, j'ai lu : « Les Autrichiens ont passé le... » comment dites-vous?

MÉDARD. Le Pô, sans vous offenser. (Trinquant.) A la vôtre, civil !

(Il boit, Mordicus ne boit pas.)

MORDICUS. Eh bien! qu'est-ce que ça peut faire, qu'ils soient d'un côté ou de l'autre du Pô, ou qu'ils y restent sur le... Elle a un drôle de nom, cette rivière-là.

MÉDARD. C' que ça fait? Mais, tenez, supposition que cette table... c'est le champ de bataille et que la rivière... censément ce liquide... soye au milieu.

MORDICUS. Bon ! je fais mon éducation militaire...

MÉDARD, indiquant de la main sur la table. Nous passons là, nous autres... de jour... L'ennemi, lui, il arrive ici...

MORDICUS. Sur la table ?

MÉDARD. De nuit... passez-moi le pot.

(Mordicus le lui passe, Médard se verse et boit.)

MORDICUS. Ah! c'est comme qui dirait que nous jouïons à « Je suis dans ton champ Larirette. »

(Il prend son verre et va pour boire.)

MÉDARD, lui arrêtant le bras. Saisissez bien la manœuvre. (Mordicus a reposé son verre plein et regarde avec attention.) Vous êtes l'ennemi. (Lui indiquant son verre.) Et voilà votre brigade. Je lui dis. (Prenant le verre de Mordicus et le faisant passer de son côté.) Ah! tu viens par ici, toi? (Lui repassant son verre vide.) Eh bien! moi, je vais là-bas, (Buvant le verre plein de Mordicus.) A la vôtre! passez-moi le pot.

(Il verse dans les deux verres et boit de suite le sien.)

MORDICUS, ahuri. Tiens, tiens, tiens! Bon, bon, bon! L'un va par ici, l'autre va par là... Oui, oui, oui.

(Il va pour boire.)

MÉDARD, lui arrêtant le bras. Ça n'est pas fini. (Mordicus repose son verre.) L'ennemi, qui n'est pas bête... vous n'êtes pas bête.

MORDICUS. Trop honnête!

MÉDARD. L'ennemi se dit : « Ah! tu viens là-bas, toi? (Il refait passer son verre vide devant Mordicus.) Eh bien, moi, je retourne par ici. (Il prend le verre plein de Mordicus et le pose devant lui.) A la vôtre !

(Il boit.)

MORDICUS. Dites donc? ça pourrait durer longtemps comme ça?

MÉDARD, retournant le pot vide. Non, c'est fini. Se levant.) Avez-vous saisi la manœuvre?

MORDICUS, se levant. Parfaitement. (A part.) Il a une manière de boire à deux qui ne fatigue pas son vis-à-vis. Enfin, je voulais faire mon éducation. (Haut.) C'est égal, sergent, la guerre, c'est ma partie. Je pars complet, n'est-ce pas, et je peux revenir avec des morceaux de moins. (Montrant Chopinette.) comme monsieur, et on m'appellera vieux démoli (Montrant Lefèvre.) comme monsieur.

LEFÉVRE, se levant. Vieux démoli! dites donc, vous, là-bas.

MÉDARD.

AIR nouveau de M. Borssat.

Il n'faut pas, mon fiston,
Plaisanter les vieux invalides,
Plus d'un aux Pyramides
Avec son sabre a mis son nom.
Oui, tous ces vétérans,
Pleins d'honneur, de vaillance,
C'est l'histoire de France
Depuis soixant'-dix ans.
Des boulets d'Iéna
Les uns gardent les traces,
D'autres ont vu les glaces
De la Bérésina.
A Vincennes autrefois
Commandait un homme intrépide
C'était un invalide,
Daumesnil, la jambe de bois !
Lanciers, dragons, hussards,
Dont la France était fière,
Ont, dans l'Europe entière,
Planté leurs étendards.
Après avoir cueilli
Tant d'palmes immortelles,
Les jambes sont rebelles,
Mais l'cœur n'a pas vieilli.
Il n' faut pas, mon fiston, etc.

MORDICUS. Moi, plaisanter les invalides! Jamais sergent, je boirais plutôt à leur santé.

MÉDARD. Vous payez une tournée?... bien !

MORDICUS. Je paye... c'est-à-dire... oui...

MÉDARD. Garçon! chaud là...

MORDICUS, à part. Je continue mon apprentissage.

(On apporte à boire.)

MÉDARD.

AIR : *de la reine Mab.*

PREMIER COUPLET.

A la santé des braves invalides!

TOUS.

Ran, plan, plan, plan, plan, plan.

MÉDARD.

Ils n'sont pas jeun's, mais la gloir' n'a pas d' rides,
Et j' dis qu' les plus vieux,

TOUS.

Ran!

MÉDARD.

N'ont pas froid aux yeux.

TOUS.

Plan !

DEUXIÈME COUPLET.

CHOPINETTE.

Ceux qui n'ont pas, dans la neige épaissie,
Ran, plan, plan, ran plan, plan, plan!
Foulé, jadis, le sol de la Russie
A Sébastopol.
Ran!
S' sont poussé du col.
Plan !

TROISIÈME COUPLET.

LEFÉVRE, montrant Chopinette.

Chop' n'a qu'un bras, et ça ne l' tourment' guère.
Ran plan plan, ran plan plan plan !
Car s'il fallait se battre à la frontière,
Chop' prouv'rait bientôt,
Ran!
Qu'il n'est pas manchot,
Plan !

QUATRIÈME COUPLET.

MORDICUS.

Dame ! l'invalide aime un peu lever l' coude.
Ran, plan, plan, etc.
Mais devant l' feu, n'y a pas de danger qu'il boude.
Car pas un, dit-on,
Ran !
N'a peur du canon.
Plan !

MÉDARD, à Mordicus. Touchez là, civil.

MORDICUS. Trop honnête. J'ai fini par un bon mot, n'est-ce pas?

SCÈNE II

LES MÊMES, VICTOIRE.

LEFÉVRE. Ah! voici la nouvelle cantinière!

MORDICUS. Si sa cuisine est aussi appétissante que...

VICTOIRE.

AIR : *de gnouf, gnouf.*

A Victoire, la cantinière,
Faites place, mes p'tits amours ;
Pour fêter votre vivandière,
Sonnez, clairons! roulez, tambours!
Plus d'un bourgeois raillera
Le chic militair' qu'elle a ;
Mais on dira
Ce qu'on voudra,
Ra, fla, fla !
A la soup', toujours la dernière,
Au combat, toujours la première,
Ra, fla, fla ! (*Bis.*)
Victoir' répondra :
Moquons-nous de ça,
Ra, fla, fla !

MÉDARD. Oui, mes amis, je peux vous garantir qu'elle a, comme on dit, le cœur sur la main, le poignet solide, le jarret idem, et, de plus, une platine que toutes les ceux de vos fusils ne sont que de la Saint-Jean. Versez, Victoire. (Montrant Mordicus.) C'est monsieur qui paye.

MORDICUS. Moi?...(A part.) Décidément, mon apprentissage me coûtera cher... Enfin! (Haut.) Versez!

VICTOIRE. Boum! (Elle verse.) Pour lors, puisque vous êtes gentils, j'vas vous régaler d'une romance par-dessus le marché. C'est l'histoire de Jeanneton, la vivandière qui avait un mari trop petit.

MÉDARD, à Mordicus. Écoutez ça, c'est du nanan.

MORDICUS. Je suis tout oreilles. (A part.) Comme je me façonne vite aux mœurs des camps!

VICTOIRE.

AIR : *Personne ne peut douter* (Viv' la joie et les pomm's de terre.)

Une chose tourmentait
Jeanneton la vivandière :
C'est que son mari n'était
Pas plus haut qu'un pot de bière.
Trou la, la.

TOUS.

Trou la, la, trou la, la.

VICTOIRE.

« Avoir un si p'tit mari,
Disait-elle, ça m'agace; »
Comme elle parlait ainsi,
V'là le tambour-major qui passe.
Trou la, la.
Major, superbe tambour,
De grâce, apprenez-moi comme
Vous avez pu faire pour
Devenir aussi bel homme.
Trou la, la.
Il répond : « Venez me voir,
Et si vous êtes discrète,
Je vous montrerai ce soir
Une excellente recette. »
Trou la, la.

Jeanneton veut aussitôt
Connaître cette recette,
Et son époux a bientôt
Deux pieds de plus sur la tête.
Trou la, la.
Et dame, en persévérant,
Grâce à ce nouveau système,
Son mari devint plus grand
Que l' tambour-major lui-même.
Trou la, la.
Bref, quand il vint à Paris,
Sa croissanc' fut si sensible,
Qu' passer sous la l'ort' Saint-D'nis
Fut pour lui chose impossible.
Trou la, la.

TOUS.

Trou la, la, trou la, la.

MÉDARD, à Victoire. Que si des fois, charmant objet, sans vous commander, l'assistance étant trop conséquente pour vous embrasser tous, que Médard, avec votre permission, serait susceptible de vous donner l'accolade, au nom des camarades de tous grades de la brigade.
VICTOIRE. Allez-y, mon brave.
MÉDARD, l'embrassant. Velouté comme une pêche de Montreuil.
MORDICUS, s'approchant. Permettez, mademoiselle, je suis de la brigade.
VICTOIRE. Brigadier, répondit Pandore... plus tard, mon vieux.
MORDICUS, à part. Je n'ai pas assez pris le chic militaire (Haut, imitant Médard). Que si des fois charmant, objet...
MÉDARD. N'insistez pas, civil, ce serait incivil, subséquemment.
MORDICUS, part. C'est un bon professeur, mais il ne me laisse que les rognures.

SCÈNE III

LES MÊMES, ISIDORE, son costume de marin est caché par une vareuse fermée. Il tient son chapeau derrière lui. Lefèvre et Chopinette se sont rassis.

ISIDORE, à part. S'agit de mettre le cap sur mon auteur. Bon ! J'entreperçois sa boussole. Voyons voir s'il me reconnaîtra (Haut). Pardon, vétérans, pourriez-vous m'indiquer l'Hôtel des Invalides.
LEFÈVRE, sans se retourner. En v'là un canari !
CHOPINETTE. C'est-y pour nous jobarder ?
ISIDORE. Y a pas d'affront. On peut donc pas demander sa position photographique ?
MÉDARD. File ton nœud, qu'on te dit.
ISIDORE à part. Ah! je n'y tiens pas, j'vas trahir mon incoquelicot. (Haut.) Pas avant d'avoir trinqué avec monsieur Lefèvre.
LEFÈVRE. Il me connaît !
(Il se lève avec Chopinette.)
ISIDORE, à Chopinette. Et... avec vous, papa.
CHOPINETTE. Papa !
LEFÈVRE, l'examinant. Attends donc.
CHOPINETTE, même jeu. Mais c'est lui... c'est Zidore. Crapaud, va. Viens donc, viens donc dans mon bras.
(Ils s'embrassent.)
MORDICUS, à part. Dans mon bras... Ah! c'est vrai, il n'en a qu'un.
LEFÈVRE. Comment c'était toi, gamin ?
ISIDORE. Soi-même !
CHOPINETTE. Mais est-il grandi !
ISIDORE. Ah dame ! quand j'ai parti, j'étais de la tierce au neuf. A présent, on a les deux brisques. Vingt ans, et le follet qui pousse.
LEFÈVRE. Oui, comme sur un œuf.
ISIDORE, se plaçant militairement et ôtant sa vareuse. Passez-moi l'inspection, père.
LEFÈVRE. Excusez ! des sardines.
ISIDORE. Gabier! rien que ça.
CHOPINETTE. Le ruban de la Crimée et la médaille militaire. Vois donc, Lefèvre.
MÉDARD. Bravo, petit.
MORDICUS, à part. J'aurais fait un bon marin, moi, si je n'avais pas tant peur de l'eau.

ISIDORE. Mais vous aussi, père Lefèvre, vous êtes décoré. Hé! hé! gourmand. Vous vous payez la pastille de chocolat.
LEFÈVRE. Stop! moussaillon, silence et respect.

AIR : *J'en guette un petit de mon âge.*

Si je voyais un faquin sans courage
Mécaniser ce souvenir d'honneur,
Je flanquerais encor', malgré mon âge,
Une leçon à l'imprudent railleur.
Des vieux lapins cette médaille est l'ordre,
Ils en sont fiers, et quand ils portent là
La pastille de chocolat,
Vous, malins, venez donc y mordre !
Vous tous, malins, v'nez donc y mordre!

MÉDARD. Bien dit, mon ancien, et vous, jeune homme, vous êtes un brave. Versez, Victoire ! (Montrant Mordicus). C'est monsieur qui paye.
MORDICUS. Encore !
MÉDARD. Toujours ! j'ai le gosier d'un sec...
MORDICUS, à part. C'est ma bourse qu'il va mettre à sec. (Haut.) Versez !
VICTOIRE. Boum !
MORDICUS, à Isidore. Aimable marin, on dit que les femmes chinoises ont les yeux trop grands et les pieds trop petits. Mais racontez-nous quelque chose de votre campagne.
MÉDARD, à Isidore. Allons, jeune homme ! Et le coup de l'étrier (montrant Mordicus) que monsieur nous offre. Versez, Victoire.
MORDICUS, à part. Si ça continue, je vais être obligé de mettre ma montre en plan. (Haut). Versez !
VICTOIRE. Boum !
(Tout le monde a le verre en main et se groupe sur le devant, autour d'Isidore. On aura enlevé les tables pour faciliter le changement.)
ISIDORE, annonçant le titre. « Le triomphe de Chauvin en Chine. »

AIR : *du pacha. Cadet-Roussel.*

PREMIER COUPLET.

Chauvin tomba chez les Chinois
Comm' un' corneill' qu'abat des noir.

TOUS.

Chauvin tomba, etc.

ISIDORE.

Il voulait voir en tapinois
Des Chinoises le frais minois.

TOUS.

Ois, ois, ois, etc.

ISIDORE.

DEUXIÈME COUPLET.

A Pékin quand il s'arrêta, } Bis.
Un pied de femme le tenta.
Mais un pied d'homm' qui l'ajusta,
Au bas du dos le maltraita.

TOUS.

Ta, ta, ta, etc.

ISIDORE.

TROISIÈME COUPLET.

Or, l'objet dont il était foo, } Bis.
C'était la mandarin' Lou-Lou,
Et son mandarin, vieux grigou,
Voulut lui fair' tordre le cou.

TOUS.

Cou, coa, cou, etc.

ISIDORE.

QUATRIÈME COUPLET.

Mais Chauvin, qui n'était pas sot, } Bis.
Par la queu' pendit le magot,
Et de sa veuve, incognito,
Il devint l'époux subito.

TOUS.

To, to, to, etc.

ISIDORE.

CINQUIÈME COUPLET.

Après la guerre, il s'en revint; } Bis.
Il eut jeune femme et bon vin,
Et l'on vit se livrer enfin
Aux douceurs de la paix, Chauvin.

TOUS.

Tra, la, la, la, etc.

MORDICUS. A la santé de notre brave marine !
MÉDARD. Et de toute l'armée française !
MORDICUS. Et vous, sergent, vous n'avez donc pas vu la Chine?
MÉDARD. J'ai vu mieux que ça, mon bonhomme ; j'ai vu Sainte-Hélène !...
TOUS, se découvrant. Sainte-Hélène !

MÉDARD.

AIR nouveau de M. Borssat.

PREMIER COUPLET.

Rocher maudit, prison lointaine !
Le dernier nid de l'aigle altier !
Le tombeau du grand capitaine
Qui remua le monde entier.
Oui, ce héros dont le nom doit survivre,
A trouvé là son glorieux trépas.
» Il fatiguait la victoire à le suivre;
» Elle était lasse... Il ne l'attendit pas! »
Voilà ce que disait Béranger, le poëte,
Amoureux de la gloire et de la liberté,
En parlant de celui que la France regrette,
Qui marche, radieux, à l'immortalité!

DEUXIÈME COUPLET.

Vous n'avez plus, rives perfides,
Les cendres du fier conquérant;
C'est parmi vous, vieux invalides,
Que sa tombe a repris son rang.
Nobles débris, qu'épargna la mitraille,
Relevez tous vos fronts cicatrisés.
« De quel éclat brillaient, dans la bataille,
» Ces habits bleus par la victoire usés ! »

TOUS.

Voilà ce que disait Béranger, etc.

(Roulement de tambours. — Changement.)

Neuvième tableau

Une rue. — A gauche, extérieur de café. Une table avec un plateau, carafe et verre.

SCÈNE PREMIÈRE
MERCURE, LA COMÈTE.

MERCURE entrant vivement. A la cantonade. Ah ! mais, laissez-moi tranquille avec vos papiers; j'en ai plein le dos.
LA COMÈTE. J'espère qu'on en distribue de ces adresses, sur le boulevard.
MERCURE. A chaque coin de rue ! V'lan ! avec un coup de poing dans l'estomac.
(Il fait le geste.)
LA COMÈTE. Décidément, ce pauvre Mordicus est perdu.
MERCURE. Nous planter là, pour suivre avec un tas de moutards un régiment qui passait, tambours en tête. Il a emboîté le pas. Quel vieux gamin!
(On entend au dehors Mordicus chanter : « L'as-tu vue, la casquette? ... »)
LA COMÈTE. Ah ! le voilà !

SCÈNE II
LES MÊMES, MORDICUS.

MORDICUS, achevant l'air. L'as-tu vue ? Tra la lair. Tra la. Halte ! front ! Ouf!
(Il s'essuie.)

MERCURE. D'où viens-tu, vieux coureur?

MORDICUS. Des Invalots, comme on ditdans le Gros-Caillou. Ah! mes enfants! ma fibre guerrière vibre encore. J'en ai vu de ces manchots qui ne se mouchent pas du pied! et de ces jambes de bois qui ne se laissent pas marcher sur l'orteil.

LA COMÈTE à Mercure. Vois donc! il a les yeux tout petits.

MERCURE. Il est gris... Ah ça, nous avons donc notre petit jeune homme?

MORDICUS. Possible! Ils m'ont tant fait boire là-bas, et sans manger, aussi je crève de faim.

LA COMÈTE. Eh bien, mais, tu y.avais la main... la fameuse marmite des Invalides...

MORDICUS. Cristi! je n'y ai pas songé.

MERCURE, lui donnant des prospectus. Du reste, tu n'as ici que l'embarras du choix.

MORDICUS. Des adresses! Voyons. (Lisant.) « Grand restaurant de la *Vache enragée.* Dîners à dix-sept sous. »

LA COMÈTE, lisant. « *A la Semelle de botte.* Dîners à quinze sous. »

MERCURE, lisant. « *Au Ver solitaire.* Dîners à neuf sous. »

MORDICUS. « Pour dix-sept sous, on a un potage, un carafon, pain à discrétion. » C'est maigre.

LA COMÈTE. « Pour quinze sous, potage, deux plats, demi-bouteille, etc... pain à discrétion. » C'est mieux.

MERCURE. « Pour neuf sous, deux potages, trois plats de viande, bouteille mâcon, etc.... pain à indiscrétion. » C'est superbe!

MORDICUS.

AIR : *je suis né Paillasse.*

Tu diras tout c' que tu voudras,
D' bon sens ça n'a pas l'ombre,
Quoi! moins on paye et plus des plats
Ils augmentent le nombre?

MERCURE.

Ils vous donn'nt beaucoup;
Mais ce n'est pas tout :
Entrez dans leur boutique,
Vous aurez en sus
Quelque chos' de plus,
Vous aurez... la col que.

LA COMÈTE. Mais comment peuvent-ils s'y retirer?

MERCURE. C'est bien simple. Un client paye d'avance vingt-cinq cachets, n'est-ce pas? Or, généralement, il est mort au bout de huit jours. Tu vois la bénéfice.

LA COMÈTE. Ah! très-bien!

MORDICUS. Merci, je préfère un potage, un vase, un bol, un tapioca quelconque... un simple bouillon.

SCÈNE III

LES MÊMES, BEL-BOUL, LE DOCTEUR LENTILLE, LE VASE HYGIÉNIQUE.

TOUS TROIS, arrivant de divers côtés. Voilà... voilà... voilà!

ENSEMBLE.

AIR : *des Monténégrins.*

Chacun de nous se pique
D'appeler votre attention
Sur l'avantage unique
De sa nouvelle invention!

MERCURE, indiquant Bel-Boul. Tiens! c'est un épicemar!

BEL-BOUL. Épicemar! allons donc! Premier clerc d'une étude de denrées coloniales, Bel-Boul.

MORDICUS. Bel-Boul? C'est un nom arabe.

LA COMÈTE. Tous les épiciers le sont.

BEL-BOUL. Monsieur veut un bouillon? Que monsieur entende mon prospectus. (Lisant.) « Au Trésor de la Cuisine! Rozière... »

LA COMÈTE. De Nanterre?

BEL-BOUL. Non... de Romainville. « Le sieur Rozière, de Romainville, a l'honneur d'informer l'univers et sa banlieue qu'il est le seul et unique inventeur de la boule d'oignon pour colorer le pot au feu, les sauces, les ragoûts, etc... Se méfier des contrefacteurs... Caramel, chicorée, fécule de pommes de terre! A bas ces compositions nauséabondes qui font bouillir et écumer... d'indignation.

AIR :

Ma boule sur la boule ronde,
Je vous l' prédis, avant peu,
Changera la face du monde
Et saura mieux qu'un cordon bleu
Régénérer le pot-au-feu,
Où, sans bœuf, ni mouton, ni poule,
Ma boule d'oignon suffira,
Et le bouillon y gagnera
Tout le parfum qu'y perd la boule.

(Parlé.) Ainsi, tenez!

MORDICUS. Vous prétendez avec ça me faire de la soupe?

BEL-BOUL, se découvrant. Grâce à ma casquette. (Il la lui donne à tenir, puis versant.) Regardez, regardez! nullement préparée. Maintenant, voyez ma boule. (Mordicus regarde sa figure.) Non, celle-ci; cette simple boule va donner instanément à ce liquide un goût, une couleur que jusqu'ici le bouillon point en n'avait... non... que le bouillon n'avait point eu.

MORDICUS. Navet pointu; je crains que ce ne soit une carotte.

BEL-BOUL, remuant avec son doigt. Goûtez-moi ça!

MORDICUS, dégoûté. Hum, hum! je m'en rapporte...

BEL-BOUL. N'ayez pas peur, goûtez.

MORDICUS. Puisqu'il le faut!

(Il boit une gorgée et fait la grimace.)

BEL-BOUL, ravi Hein?

MORDICUS. Parfait! (A part.) Pouah!

(Il rend la casquette à Bel-Boul qui avale le reste.)

BEL-BOUL. Délicieux! un vrai consommé!

(Il remonte.)

MORDICUS. Je ne sais pas, mais ce prétendu bouillon... j'y trouve un cheveu; ça me fait un drôle d'effet.

(Il se frotte l'estomac.)

LE DOCTEUR LENTILLE, s'avançant. Voyons, permettez! (Lui tâtant le pouls.) Oui, ma foi! Diable, diable!... Tubercules dans le nez, hydropisie des cheveux!... gastro-en-terrecuite! C'est grave!

MORDICUS, un peu inquiet. Allons donc, farceur!

LE DOCTEUR LENTILLE. Je suis le docteur Lentille! J'ai un remède... Vous n'en voulez pas?

MORDICUS. Mais si, mais si... Et ce remède, c'est?...

LE DOCTEUR LENTILLE, tendant la main. C'est quatre francs.

MORDICUS. Ah! si ce n'est que quatre francs... Voilà. (Il les lui donne. Lisant l'étiquette d'un petit paquet que le docteur lui a donné en échange.) « La Renale-cière, guérit sans médecin, ni purgation : palpitations, constipations, inflammations, éruptions, indigestions. » Voilà mon affaire... (Il ouvre.) Tiens, c'est une poudre.

MERCURE. Et ça se prend?

LE DOCTEUR LENTILLE. Comme on veut.

MORDICUS, prenant une pincée. Pouah! Mais c'est du plâtre, ça.

LE DOCTEUR LENTILLE, très-indifférent. Vous croyez? C'est possible... il y en a peut-être un peu... on construit tant. Du reste, on n'est pas obligé de l'avaler... Ça peut servir à toute autre chose... Tenez, moi qui vous parle, je m'en sers comme poudre à bottes... je blanchis les buffleteries avec... je nettoie mes vitres, mes chandeliers...

MORDICUS. Ah! quelle infamie!

MERCURE.

AIR : *Nos Maris en Palestine.*

Mais ce remède pour rire,
Répondez-nous, là, vraiment
Quel est-il?

DOCTEUR LENTILLE.

Je puis le dire
A présent bien franchement;
Mon Dieu, c'est tout bonnement
Une farine...

MERCURE.

Malsaine!

DOCTEUR LENTILLE.

Un produit...

MORDICUS.

Je le connais!

DOCTEUR LENTILLE.

Un composé...

LA COMÈTE.

Fort mauvais.

DOCTEUR LENTILLE.

Que l'on tire de la graine...

MERCURE.

Oui, de la graine de niais,
C'est de la graine de niais.

(Il le congédie, et le docteur remonte à sa place.)

MORDICUS, se tâtant le ventre en criant. Aïe!

LA COMÈTE. Quoi donc?

MORDICUS. Rien, rien... (Tirant Mercure, à part.) Dis-donc, Mercure, c'est effrayant! Le bouillon m'avait déjà tout... mais depuis que j'ai avalé sa terre à poêle...

LE VASE, mystérieusement. Chut! j'ai votre affaire.

MORDICUS. Tiens! c'est le Petit Chaperon rouge... Oh! quel grand petit chaperon rouge!... Et pourquoi êtes-vous habillé comme ça?

LE VASE. Chut! Parce j'ai toujours mon petit pot.

MORDICUS. Ah! oui, pour mère grand'; votre petit pot de beurre.

LE VASE. Chut! Non pas ça. Je suis le vase hygiénique.

MORDICUS. Le vase hygiénique?

LE VASE. Sourd et inodore.

MORDICUS. Inodore, c'est une qualité; sourd, c'est une infirmité... Ah! encore une nouvelle invention!

LE VASE. De cette année. Elle a pour parrain un docteur.

MORDICUS. Un docteur? c'est Domange, non c'est dommage... mais je ne saisis pas...

LE VASE. Chut!

AIR : *Bouton de Rose.*

C'est une chose,
Je ne sais comment m'exprimer.
Dire son nom, personne n'ose,
Pourtant chacun sans la nommer,
Connaît la chose,
Voilà la chose.

MORDICUS, devinant. Ah! oui!... oh!

LE VASE, lui donnant un journal. Lisez mes annonces. Lisez! (Il remonte.)

MORDICUS. Et ils ont l'aplomb d'imprimer ça à la quatrième page. C'est trop fort.

SCÈNE IV

LES MÊMES, LE CAFÉ DES PIERROTS.

MORDICUS. Mais que veut ce fantôme? eh bien, il ne dit rien!

LA COMÈTE. Dame! un pierrot.

MORDICUS. Ah! c'est juste!

MERCURE. Il va te mimer ce qu'il a à te dire.

MORDICUS. Fameux ! L'Opéra m'a fait la leçon. Je suis très-fort maintenant sur la pantomime.

(Musique sur laquelle Pierrot mime.)

PIERROT. Monsieur, je suis cafetier.

(Il fait signe de verser.)

MERCURE, à la Comète. C'est un nouveau limonadier.

MORDICUS, au public. Très-bien ! il dit qu'il est cardeur de matelas.

PIERROT. Monsieur, chez moi on ne trouve que des choses délicieuses.

MERCURE. consommation excellente. (A Mordicus.) Tu as compris ?

MORDICUS. Parbleu ! il dit qu'il travaille sur les tours Notre-Dame.

MERCURE. Oh ! mais non...

MORDICUS, impatienté. Laisse-moi donc tranquille ! je saisis parfaitement.

PIERROT. Mon établissement est très-beau.

MERCURE. Établissement splendide !

MORDICUS. Oui, oui, avec succursale... sur la colonne Vendôme.

PIERROT. Mais ce vieux est stupide.

MORDICUS. Qu'est-ce qu'il a dit ?... je n'ai pas compris cette fois-ci.

MERCURE. Il dit que tu es idiot.

MORDICUS, très-surpris. Pas possible ! (Pierrot le cingle d'un coup de serviette dans les jambes et le lui développe devant le nez, en ayant l'air de lui dire : Savez-vous lire ? on voit écrit sur la serviette : Café des Pierrots.) Ah ! comment ? c'est ça ? Grand Café des Pierrots... c'est un cafetier... j'entendais très-bien... Eh bien, allons-y !

AIR : *Au Clair de la Lune.*

Au clair de la lune,
Partons au galop
Gober une prune
Chez l'ami Pierrot.

(A part.)

Moi, coûte que coûte,
J' m'attache au p'tit pot,
Ben possible qu'en route
Je lui dise un mot.

(Reprise de l'air en forté par l'orchestre. Tous sortent.)

Dixième tableau

Le théâtre représente une grotte. — Au lever du rideau, l'Eau est assise au fond, dans une conque marine nacrée et dorée. A sa droite et à sa gauche, deux coquillages ouverts, contenant chacun une naïade. — Les autres personnages complètent le tableau. — La Source, debout et un peu en avant.)

SCÈNE PREMIÈRE

L'EAU, LA SOURCE, LA MOUSSE, LE NÉNUPHAR, LE MYOSOTIS, LE ROSEAU, DEUX COQUILLAGES.

CHOEUR.

AIR : *Un pouvoir enchanteur.*

Dans ces lieux enchanteurs,
Gardons, ô mes sœurs,
La paix si profonde
De notre onde.
Et, bravant leur courroux,
Détournons les coups
Des mortels jaloux
De nous.

L'EAU. Vous cherchez à adoucir mes chagrins. Merci, mes enfants ; merci, ma petite Source.

LA SOURCE. Dame ! ça nous intéresse tous. Quand l'eau, notre reine, est agitée, nous allons à la dérive.

L'EAU. J'étais dormante et calme. Mais tous les bruits de là haut... qu'ils me laissent donc tranquille. Tu as exécuté mes ordres ?

LA SOURCE. Tous les fidèles, tous les intéressés sont prévenus que l'eau reçoit aujourd'hui. Tenez, voici déjà des fontaines, des rivières.

SCÈNE II

LES MÊMES, LA SEINE, LA MARNE, LA FONTAINE DES INNOCENTS, DE MÉDICIS, DE LA CONCORDE, SAINT-MICHEL.

LES FONTAINES et LES RIVIÈRES.

CHOEUR.

AIR : *Il faut quitter Golconde.*

Nous venons, ô puissante reine,
Te visiter dans ton domaine,
Pour demander enfin à l'Eau
Si l'on va de notre drapeau
Arracher le dernier lambeau.
   Quel affligeant tableau !
Chacun s'entend pour troubler l'eau.

L'EAU. Vous avez raison, l'eau n'est plus en sûreté. On la calomnie, on l'analyse, on change son cours, les journaux l'accusent, le public murmure.

LA SEINE. Moi, la Seine, qui désaltère les Français depuis des siècles, sur un parcours de deux cents lieues, on m'insulte aujourd'hui, on m'appelle impure.

LA SOURCE, s'adressant à la Seine et montrant la Marne.) Et ta sœur, la Marne, qui partage ton lit et ton outrage. — Elle jaunit de ce qu'on veut détourner la Somme-Soude, une toute petite rivière.

LA FONTAINE DES INNOCENTS, accent poissard. Eh bien ! de quoi. Et moi ! la Fontaine des Innocents ! la distraction des passants, la joie des adolescents, il y a soixante-quinze ans, on m'a repoussée en avant, et v'là qu'à présent, ils en font autant. L'architèque du coin vient de me rouler plus loin, j'peux pas les r'tenir, ç'a va t'y finir ?

LA SOURCE, indiquant les Fontaines. Eh bien, Fifine, et tes voisines et tes cousines. La Fontaine de Médicis, au Luxembourg, on va aussi là changer de place. La Fontaine Saint-Michel, le diable est à ses trousses ; la Fontaine de la Concorde, ils l'ont bronzée comme un Turco.

LA SEINE. Guerre et vengeance !

TOUTES. Guerre et vengeance !

L'EAU. Filles chéries, votre bon cœur déborde, je voudrais tarir vos pleurs ; mais prenez patience et rappelez-vous ce que dit la sagesse des nations. « On revient toujours sur l'eau. »

AIR : *De la Ronde du Murdi-Gras.* par E. Déjazet.

PREMIER COUPLET.

Un vieux tourtereau,
Qui s'entoure en vain de mystère,

TOUS.

Qui s'entoure en vain de mystère,

L'EAU.

Quoiqu' ni jeun' ni beau,
De l'Amour a mis le bandeau.

TOUS.

De l'amour a mis le bandeau.
Oh ! oh ! oh ! oh ! oh ! oh ! oh ! oh !
   C'est rigolo !

L'EAU.

C'est rigolo ! (bis.)
Oui, c'est rigolo !
Il fait le plongeon à Cythère,
   Pauvre tourtereau !
Mais on revient toujours sur l'eau,
   Lo, lo, lo, etc,

DEUXIÈME COUPLET.

LA SOURCE.

Un frais jouvenceau,
Naïf comme on l'est à s'n âge,
   A fait subito,
Une conquête au Casino.
   Oh ! oh ! oh !
   C'est rigolo !
Son port' monnaie a fait naufrage,
   Pauvre jouvenceau !
Mais on revient toujours sur l'eau.

TROISIÈME COUPLET.

LA FONTAINE DES INNOCENTS.

Comme un Othello,
Pour surveiller de près sa femme,
   Monsieur Coquardeau
Chaqu' jour invente un truc nouveau.
   Oh ! oh ! oh !
   C'est rigolo !
   Sans être en bateau,
L'amour fait chavirer Madame.
   Pauvre Coquardeau !
Mais on revient toujours sur l'eau.

QUATRIÈME COUPLET.

LA SEINE.

Un puissant vaisseau,
Le Great-Estern, doit fendre l'onde.
   On donn' dans l' panneau.
Les voisins ont crié : « Bravo ! »
   Oh ! oh ! oh !
   C'est rigolo !
   Il a fait fiasco...
Mais l'eau coule pour tout le monde,
   Pauvre gros vaisseau,
Qui n'a pas pu s' tenir sur l'eau !

(Bruit au dehors.)

L'EAU. Mais quel est ce vacarme.

SCÈNE III

LES MÊMES, MORDICUS, entrant brusquement.

MORDICUS, éternuant. Atchi !... Merci bien... Dieu vous bénisse !

LA SOURCE. D'où sort-il, celui-là ?

MORDICUS. Je ne sors pas... J'entre... Atchi ! ventre Saint-Vert-de-Gris ! Qu'il fait frisquet dans votre sous-sol ! (Saluant.) Mordicus, savant de mon état : gendre et successeur de Mathieu Lansberg. Tout à l'heure, là-haut, je cherchais la comète, je regardais en l'air... V'lan ! je tombe dans le puits de Bicêtre, et me voilà. Si j'avais un par-à-puits, ça ne me serait pas arrivé.

LA SOURCE, à l'Eau. Il est toqué...

MORDICUS. Serais-je tombé dans l'Aquarium du Jardin d'acclimatation ? Oh ! les jolis petits poissons !... l'eau m'en vient à la bouche.

LA SOURCE. L'Eau ?... vous êtes chez elle.

MORDICUS. C'est ça, l'Eau... atchi ! Oh ! pardon ! permettez-moi de déposer... atchi ! de déposer tout ce que j'ai de rhume, à vos pieds.

LA FONTAINE DES INNOCENTS. Il n'a pas fini avec son atchi, c'vieux défraîchi.

MORDICUS. Corneblen ! je grelotte ; mais vous étiez en séance. continuez donc vos petites affaires.

L'EAU. Au fait, un savant, si ça ne sert à rien, ça ne peut pas nuire.

LA SOURCE, annonçant, Le Bain-Chinois, la Ville-de-Paris, le Bain-à-deux-sous !

SCÈNE IV

LES MÊMES, LE BAIN-CHINOIS, LA VILLE-DE-PARIS, LE BAIN-A-DEUX-SOUS.

L'EAU. Voilà qui va peut-être éclaircir la question.

MORDICUS. Ah ! oui, la question... car je ne sais pas de quelle question il est question.

LA FONTAINE DES INNOCENTS. La question des eaux, Coco !... tu reviens donc de Monaco ?

LE BAIN-CHINOIS, LA VILLE-DE-PARIS, LE BAIN-A-DEUX-SOUS. Salut à notre reine!

MORDICUS. Le Bain-Chinois... Ça date du déluge! ça n'existe plus.

LE BAIN-CHINOIS. Pardon, le nouveau Bain-Chinois.

MORDICUS. Alors vous êtes du vieux neuf, c'est comme le pont Neuf. (A la Ville-de-Paris.) Et vous?... ce petit marin ne manque pas de chic. Il me semble que je vous connais.

LA VILLE-DE-PARIS. La Ville-de-Paris.

MORDICUS. Un magasin d'étoffes.

LA VILLE-DE-PARIS. Du tout. Un bain de mer. Autrefois la frégate-École.

MORDICUS. Ah çà! Vous changez donc d'état et de nom comme on change de peignoir? Ah! maintenant, vous donnez des bains de mer; mais avez-vous songé à la mise en scène?

LA VILLE-DE-PARIS. Ah! monsieur, j'ai des petits rochers, des algues, des goëmons.

MORDICUS. Vous n'avez pas de requins?

LA VILLE-DE-PARIS. Pas encore; mais des langoustes, des crabes, des oursins, des sèches, des torpilles.

AIR : *Tu ne vois pas , jeune imprudent.*

Allons, je vois que c'est charmant,
Vous donnez tout ce qu'on demande.
Enfin, votre établissement
Est un' vrai matelot' normande,
Quant aux huîtres...

LA VILLE DE PARIS.

              Ah! c'est certain
Nous en aurons.

MORDICUS.

        A plusieurs titres,
Je crois que dans ce nouveau bain
On trouvera surtout des huîtres.

L'EAU. Enfin, que demandez-vous?

LE BAIN-CHINOIS. Nous demandons une eau limpide et pure.

LA VILLE-DE-PARIS. Et il n'y en a pas.

L'EAU. Que t'importe, à toi, un bain de mer, puisque tu tires ton liquide de Dieppe, et qu'on te l'expédie par le chemin de fer?

LE BAIN-A-DEUX-SOUS. Vous gobez ça, vous? elle prend son bouillon où il trouve le sien. (Il montre le Bain-Chinois.) Dans la Seine. Pardi! une pincée de sel gris, et le tour est fait.

LA VILLE-DE-PARIS. C'est une calomnie... j'ai prouvé...

LES BAINS-A-DEUX-SOUS. Allez donc vous asseoir, y en a toujours assez d'eau chez moi, le Bain-à-deux-sous, qu'on en ait jusqu'au menton ou jusqu'à la cheville, qu'elle soit propre ou sale, j'n'en bats l'œil, mes nombreux clients en sont quittes pour aller se laver en sortant de chez moi.

LA SOURCE. Ils ne sont pas difficiles.

MORDICUS. Dame, pour deux sous...)

LE BAIN-A-DEUX-SOUS. Faudrait-il pas leur z'y filtrer, leur z'y distiller? Alors c'est moi qui en ferais de l'eau claire.

L'EAU. Tu ne serais pas le seul.

AIR : *C'est la Bourse.* (Kriesel.)

PREMIER COUPLET.

De l'eau claire,
De l'eau claire,
      Ici-bas,
      A chaque pas,
En amour comme en affaire,
      C'est souvent
      Le dénoûment.
Que feront, dans l'industrie,
Ces prétendus novateurs,
Qui. de mainte vieillerie,
Se disent les inventeurs?
De l'eau claire,

TOUS.

De l'eau claire. etc.

DEUXIÈME COUPLET.

LA SOURCE.

Que fait, dans son ignorance,
Ce gandin, heureux mortel,
Qui croque si bien d'avance
L'héritage paternel?
      De l'eau claire, etc.

TROISIÈME COUPLET.

LA VILLE DE PARIS.

J'aim' bien l'homéopathie,
C'est le meilleur traitement,
Pour n'import' quell' maladie,
Vous prenez tout bêtement
      De l'eau claire, etc.

QUATRIÈME COUPLET.

LE BAIN CHINOIS.

Souvent, dans la capitale,
Où tout est parfait, dit-on,
Le consommateur avale,
Chez les marchands de bouillon,
      De l'eau claire, etc.

CINQUIÈME COUPLET.

LA FONTAINE DES INNOCENTS.

N'est-ce pas une bévue,
D'un Directeur que j' connais?
En montant un' grand' revue
Il f'ra p't'être à Beaumarchais
      De l'eau claire, etc.

SIXIÈME COUPLET.

MORDICUS.

Je me plains, dans un' voiture,
Des cascades d'un poupon,
Il arrose ma chaussure,
La nourrice me répond...
      De l'eau claire,

TOUS.

      De l'eau claire,
      Ici-bas,
      A chaque pas,
En amour, comme en affaire,
      C'est souvent
      Le dénoûment.

LE BAIN-A-DEUX-SOUS. Ça n'empêche pas que j'ai fait des affaires d'or cette année, grâce à la chaleur.

LA FONTAINE DES INNOCENTS. Le Bourguignon a chauffé dur. On a cueilli l'raisin ben mûr. Et nous aurons du vin pas sûr.

MORDICUS. Eh! oui, du fameux vin!...

SCÈNE VI

LES MÊMES, LE PORTEUR-D'EAU.

LE PORTEUR D'EAU. Du vin? Qu'estche qui en veut, qu'est-che qui en demande?

            (Il frappe l'anse de son seau.)

TOUS. Un porteur d'eau!

LA SOURCE. Qui vend du vin?...

LE BAIN-A-DEUX-SOUS. Elle est bleue, celle-là.

LE PORTEUR-D'EAU. Chans doute! pour ne pas être pris au dépourvu... Et fouchtra, si vous fourrez de l'eau... juche qu'au sigième étage de chaque maijon, qu'est-che que vous voulez que je devienne... je n'aurai donc plus que mon eau à boire... Auchi, j'ai pris l'avanche, voyez, ligez l'enseigne de mes voitures, à quatorze et à seige chous la voie... non... le litre... que je me chuis dit comme cha : « Larfouillat, mon bonhomme, puicheque tu vends de l'eau, pourquoi que tu ne vendrais pas aussi bien du vin... qu'il n'y a pas déjà tant de différenche. »

L'EAU. Le fait est que ça se touche.

LA SOURCE. Ça s'marie; ça s'mêle...

MORDICUS. Ça s'confond très-bien ensemble.

LARFOUILLAT. Chertainement.

AIR : *de la ronde du Carnaval des Blanchisseuses.*

Heureux alliage,
Mon double breuvage
Sort, suivant l'usage,
Du même tonneau.
      En cadenche
      Lorsque danche
L'anche de mon cheau,
      Je commenche
      L'allianche
Du vin et de l'eau;
Car je puis vous le promettre,
      On est bien chertain
Avec moi de toujours mettre
De l'eau dans chou vin.
Du mien on n' crira pas, je gage,
      A l'eau!
A cause de chon voisinage
      De l'eau,
Le vin chouvent vient, c'hest notoire,
      Par eau;
Et qu'est-che qui nous en fait boire?
      C'est l'eau.
      Vive l'eau!

SCÈNE VII

LES MÊMES, LE VIN DE CHAMPAGNE, LE VIN DE BOURGOGNE, entrant d'un côté, LE VIN DE CITROUILLES, en Hongrois, LE VIN DE CORNICHONS, entrant de l'autre côté.

LE VIN DE CHAMPAGNE. N'y goûtez pas!...

LE VIN DE BOURGOGNE. N'y touchez pas!...

LE VIN DE CITROUILLES. N'en buvez pas!...

LE VIN DE CORNICHONS. N'en achetez pas!

L'EAU. A qui en avez-vous?

LE VIN DE CHAMPAGNE, montrant le Porteur d'Eau. A cet intrigant.

LE VIN DE BOURGOGNE. A ce charlatan.

LE VIN DE CHAMPAGNE. Nous le poursuivons depuis ce matin dans les rues, sur les quais, sur les boulevards.

LE VIN DE BOURGOGNE. Un porteur d'eau!... vendre du vin!... à notre nez, à notre grappe! c'est trop fort de cassis.

L'EAU. Pardon, à qui ai-je l'honneur?...

LE VIN DE CHAMPAGNE. Le Vin de Champagne.

LE VIN DE BOURGOGNE. Le Vin de Bourgogne, ma p'tite mère.

LE VIN DE CHAMPAGNE.

AIR : *Ma Nièce et mon Ours.*

Oui, je suis le vin de Champagne.
Moi seul, je fais en m'échappant :
      Pan! pan! pan! pan! pan!

TOUS.

Pan! pan! pan! pan! pan!

LE VIN DE CHAMPAGNE.

Partout le plaisir m'accompagne,
Chacun me recherchè en soupant.
On me plaît même en me frappant :
      Pan! pan! pan! pan! pan!

TOUS.

Pan! pan! pan! pan! pan!

LE VIN DE CHAMPAGNE.

Et rien qu'en sautant, mon bouchon
Donne un petit air folichon,
      Amoureux,
      Langoureux!
      A ma porte,
      Et d'une main forte
      Frappez tous, Cupidon
Est là pour vous tirer l'cordon.

TOUS.

Amoureux ! etc.

LE VIN DE BOURGOGNE. Décidément, tu te fais un peu mousser, collègue.

MORDICUS. Oui, il a un genre mousseux.

LE VIN DE BOURGOGNE.

AIR : *des Barbettes.*

Francs buveurs à la rouge trogne,
Amateurs du Beaune et du Pomard,

Saluez le vin de Bourgogne
Car c'est le lait du vieillard.
  La fillette
  Pour qui Vachette
  Le soir apprête
  Un gai festin,
  Quoiqu'friande,
  Quand eil'commande,
  Jamais ne d'mande
  Du Chambertin.
En revanche, plus d'un poëte
Trouve sa rime en me buvant,
Dans la mansarde de Lisette,
Béranger m'a chanté souvent.

REPRISE EN CHOEUR.

Francs buveurs à la rouge trogne, etc.

L'EAU. Oh! je vous connais bien.
MORDICUS. Et moi aussi, j'ai du vin de *Nuits.* J'en bois tous les jours. (Montrant les Vins de Citrouilles et de Cornichons.) Mais ces deux messieurs qui paraissent d'un autre cru?
LE VIN DE CHAMPAGNE. Connais pas.
LE VIN DE BOURGOGNE. J'en ignore.
L'EAU, aux Vins de Citrouilles et de Cornichons. Qui donc êtes-vous?
LE VIN DE CITROUILLES. Le Vin de Citrouilles!...
LE VIN DE CORNICHONS. Le Vin de Cornichons!
MORDICUS. Ce sont des toqués!
LE VIN DE CITROUILLES. Non, monsieur, je suis né en Hongrie.
LE VIN DE CORNICHONS. Et moi, en Flandre. Lisez le *Monde illustré.* Il a parlé de nous.
MORDICUS. Voyons, pas de bêtises!... Je sais bien qu'on fait du poivre avec de la râpure de pommes de terre, du café tinctorial pour la barbe et les cheveux; mais du vin de cornichons! du vin de citrouilles!
LA FONTAINE DES INNOCENTS, au porteur d'eau, en montrant le Vin de Citrouilles. Porteur d'Eau! mettez donc c'gaillard-là dans vot'tonneau, ça f'ra d'la soupe au potiron.

LE VIN DE CITROUILLES.

AIR : *Ce jardin, ma chère.* (Allez vous asseoir.)

Pourquoi chanter pouilles
Et nier ses droits
Au vin de Citrouilles,
Ce nectar hongrois?
Certes, nous allons
Vous fair' concurrence,
Car on trouve en France
Beaucoup de melons.

TOUS.

Beaucoup de melons. (*Bis.*)

LE VIN DE CORNICHONS.

(Même air.)

Liqueur sans pareille,
Mon vin jovial
Va s'mettre en bouteille
Las d'être en bocal.
Certes, nous lâchons
D'vous fair' concurrence,
Car on trouve en France
Beaucoup d'cornichons.

TOUS.

Beaucoup d'cornichons. (*Bis.*)

MORDICUS. Il y a là du vrai dans ce qu'ils disent; mais il y a dans ce qu'ils vendent...
LE VIN DE CITROUILLES. Vous verrez, il a fait trop chaud, le raisin est brûlé.
LE VIN DE CORNICHONS. Vous n'aurez, cette année, que de la piquette.

(Une lumière électrique éclaire le théâtre, la Comète entre avec Mercure.)

SCÈNE VIII

LES MÊMES, LA COMÉTE, MERCURE.

LA COMÉTE. Vous en avez menti!...

MORDICUS. Bon, j'ai attrapé un coup de soleil. Tiens, la comète!
LA COMÈTE. Rappelez-vous la comète de mil huit cent onze, le vin de mil huit cent soixante et un sera bon aussi, grâce à moi.
MORDICUS, s'adressant successivement au Porteur d'Eau, au Vin de Citrouilles et au Vin de Cornichons. Ainsi, monsieur Trifouillat, et vous, monsieur Citrouillard, vous aussi, monsieur Vinaigrette, faudra passer à d'autres exercices. Vous! vendre du vin. Vous! faire du vin!... Tu vas me l'payer... Aglaé.
TOUS. Tu vas me l'payer... Aglaé!...
MORDICUS à la Comète. Ce n'est pas pour toi que je dis ça. Ils m'ont pris mon mot... à Paris.
LA FONTAINE DES INNOCENTS. Et ils ont fait un'ronde là-dessus, au faubourg Saint-Antoine... avec vot' permiss, j'vas vous la roucouler...
MORDICUS. Rou... coulez la fontaine!

LA FONTAINE DES INNOCENTS.

AIR : d'Alfred Systermans.

PREMIER COUPLET.

Aller aux Eaux, c'est la toquade
  De ce bon public parisien:
Mon apothicaire est à Bade,
Ma portière est aux eaux d'Enghien ;
Les cochers, les frotteurs, les bonnes,
  Par ordre de la Faculté,
Vont à Vichy, vont aux Eaux-Bonnes,
  Dans l'intérêt de leur santé!
Tu crois qu'ça va t'rapproprier !
  Tu vas me l'payer, (*bis*)
Tu crois qu'ça va t'rapproprier,
  Tu vas me l'payer...
    Aglaé!

      (Tous reprennent le refrain.)

DEUXIÈME COUPLET.

J'occupe une petite chambre,
Sous les toits, près d'un plomb douteux.
Ca ne sent pas le musc, ni l'ambre,
C'est humide, et ça rend goutteux.
Je réclame un peu de peinture;
Mon propriétaire adoré
Au lieu de papier de tenture
Me remet du papier... timbré,
Pour avoir dit à son portier,
  « Tu vas me l'payer, etc.

TROISIÈME COUPLET.

La France, en ouvrant son histoire
Peut montrer qu'à chaque feuillet
On trouverait une victoire;
Et, si l'etranger l'oubliait,
Zouzou, reprends ta clarinette,
Ton drapeau là-bas a flotté!
Et dis, en croisant baïonnette,
A ceux qui sont de l'autr' côté:
« Puisque tu veux en essayer,
  Tu vas me l'payer, etc.

MORDICUS. Maintenant, mes petits agneaux, nous allons rendre visite au canal Saint-Martin, embelli, replanté, recouvert.
TOUS. C'est ça; au canal!
LA COMÉTE, faisant un signe. Ne vous dérangez pas !

Ouzième tableau

Grand décor du canal Saint-Martin terminé, avec ses squares, ses fontaines, etc.

SCÈNE PREMIÈRE

MERCURE. Vous voyez. On peut passer dessus, on peut passer dessous.
MORDICUS. Compris... par-dessous, les gens mauvais; par-dessus, les gens bons. (A part.) C'est un calembour de charcutier, mais on ne l'a jamais fait.

MERCURE.

AIR : *Sans quartier.* (*Allez vous asseoir.*)

Le canal Saint-Martin,
  Promenade
  Assez maussade,
Va d'venir un jardin
De la Sein' jusqu'à Pantin,

TOUS.

Le canal Saint-Martin, etc.

PREMIER COUPLET.

MERCURE.

Vieux garçon, vieille coquette
Vieux mari, sombre et jaloux.
  Passez d'ssous!

TOUS.

Passez d'ssous!

MERCURE

Aimable et tendre poulette,
Qui comptez seize ans au plus,
  Passez d'ssus !

TOUS.

Passez d'ssus !

MERCURE.

Passez d'ssous! esprit vulgaire
Du progrès enn'mi juré,
Passez d'ssus! jeun' volontaire,
Que la France a décoré.
  Passez d'ssus !
  Passez d'ssous!

REPRISE EN CHOEUR.

Le canal Saint-Martin, etc.

DEUXIÈME COUPLET.

Avares impitoyables,
Qui ménagez vos gros sous,
  Passez d'ssous !
Philanthropes charitables
Des indigents bien connus,
  Passez d'ssus !
Passez d'ssous, Tartufe austère
Vous, dont le masque est tombé.
Passez d'ssus, pauvre actionnaire
Dont l' capital est flambé.

REPRISE EN CHOEUR.

Le canal Saint-Martin, etc.

TROISIÈME COUPLET.

Ébouriffante lorette,
Qui plumez les vieux matous,
  Passez d'ssous!
Mère de famille honnête
Qui brillez par vos vertus,
  Passez d'ssus!
Passez d'ssous! vous que l'intrigue
A promptement enrichi.
Passez d'ssus, jeune prodigue
Quand... vous sortirez de Clichy.

TOUS.

Le canal Saint-Martin, etc,

QUATRIÈME COUPLET.

Ouvriers, qui pour la voûte
Depuis longtemps piochez tous
  Par-d'ssous,
Venez étrenner la route,
Et vous serez bien reçus
  Par-dessus;
Du vieux faubourg Saint-Antoine
Artisans pleins de gaîté,
Qui n'avez pour patrimoine
Que l' travail, la probité;
  Passez d'ssus !
  Passez d'ssus!!...

TOUS.

Le canal, etc.

MORDICUS. Et là-dessus, trémoussez-vous, trémoussez-vous, belles!... et la main aux dames!

Douzième tableau

BALLET

FIN DU DEUXIÈME ACTE.

ACTE TROISIÈME

Treizième tableau

Un salon. Table à gauche.

SCÈNE PREMIÈRE

LA TURLUTAINE, LE MARCHAND DE PROGRAMMES, DUBATTOIR, L'OUVREUSE, LE CAFÉ DU THÉATRE.

CHŒUR.

AIR : *Du Hussard de Felsheim.*

Au directeur rendons hommage;
  Nous l'avons élu
  Pour maître absolu
Qu'il règne à jamais sans partage,
  Honneur, honneur
  Au directeur.

TURLUTAINE. Très-bien! monsieur le directeur des Cascades dramatiques ne vous recevra pas... c'est trop au-dessous de lui; mais moi, la Turlutaine, secrétaire et conseiller intime de la direction, je daigne accepter en son nom ces marques de votre sympathie... Sur ce, défilez devant moi... Vous êtes?...

DUBATTOIR. Dubattoir, chef de claque qui dépose ses mains à vos pieds.

TURLUTAINE. Quelles garanties morales offrez-vous?

DUBATTOIR. Ce modeste sac.

(Il passe et dépose son sac d'argent sur la table.)

LE MARCHAND DE PROGRAMMES, criant. Demandez l' programme... l'Entrie... la Patracte... nal du soir!...

TURLUTAINE. Quels répondants? répondez!

LE MARCHAND DE PROGRAMMES, même jeu. Ce portefeuille.

TURLUTAINE. Et vous, l'ouvreuse, où sont vos gages de dévouement?

L'OUVREUSE. Dans cette chaufferette.

(Elle la fait sonner.)

TURLUTAINE. C'est ça... déposez votre braise.

LE CAFÉ DU THÉATRE, criant. Orgeat! limonade! la bière!...

(Il dépose deux énormes pains de sucre.)

TURLUTAINE. Ah! le café du théâtre!... J'espère que ce n'est qu'un faible échantillon... monsieur le directeur prend son moka très-sucré...-Ainsi, vertueux subalternes, vous connaissez nos idées... faire de l'argent, voilà notre programme.

PREMIER COUPLET.

AIR : *De Cadet-Roussel.*

La Port'-Saint-Martin a, je crois,
Joué l' *Pied d' Mouton* près d' trois cents fois,
  Aux littérateurs étonnés,
Pour faire encor un pied... de nez,
Replâtrons d'une main habile
Un second ours de Martainville...
  Ah! ah! ah! oui vraiment,
  Avec ça nous ferons d' l'argent.

TOUS.

  Ah! ah! ah! oui vraiment
  Avec, etc.

DEUXIÈME COUPLET.

TURLUTAINE.

Au théâtre où j'ai vu Brunet,
Le grand Potier, Odry, Vernet

N'y a plus besoin en vérité
D'esprit, de style, de gaieté;
Mettons dans les dans's nationales
Trente beautés... peu virginales...
  Ah! ah! ah! oui vraiment, etc.

TOUS.

  Ah! ah! ah! oui vraiment, etc.

SCÈNE II

LES MÊMES, MORDICUS, en robe de chambre, bonnet grec.

MORDICUS.

TROISIÈME COUPLET.

Le siècle appartient aux marchands ;
Chacun doit suivre ses penchants ;
Si je pèche par le bon sens,
J'aurai l'esprit des commerçants,
Mon entreprise dramatique
Est, avant tout, une boutique.
  Ah! ah! ah! oui vraiment
  Avec ça nous ferons d' l'argent.

TOUS.

  Ah! ah! ah! oui vraiment, etc.

LES QUATRE PERSONNAGES. Salut à notre grand directeur.

MORDICUS. Très-bien, mes enfants, passez à la caisse.

TOUS QUATRE. Pour recevoir ?

MORDICUS. Pour verser vos cautionnements.

REPRISE.

  Ah! ah! ah! oui vraiment,
  Avec ça nous ferons de l'argent.

(Les quatre sortent.)

SCÈNE III

MORDICUS, TURLUTAINE.

MORDICUS, à lui-même. Je ne suis pas fâché d'avoir planté là Mercure et la Comète... ils seront bien attrapés quand ils sauront...

TURLUTAINE, lui donnant un papier. Ah! voilà le bordereau de location pour la première.

MORDICUS. Voyons... la salle contient douze cent dix places... On en a loué quatre mille... c'est bien... en se serrant...

TURLUTAINE. Ce n'est pas comme au théâtre d'à-côté.

AIR :

Dans cette administration,
Le caissier qui doit se morfondre,
Prétend qu'à la location
Il ne sait pas à qui répondre.

MORDICUS.

Voilà de ce conte charmant
L'explication que je donne ;
On n' sait à qui repondr' vraiment,
Puisqu'il ne vient jamais personne.

TURLUTAINE. A propos... il y a du monde dans l'antichambre, des auteurs... des acteurs...

MORDICUS. Fais-les entrer.

SCÈNE IV

LES MÊMES, UN AUTEUR, MERCURE, sous un nouveau costume.

MORDICUS, à l'auteur. Ah! c'est vous... mon bon... Vous venez pour votre pièce... n'est-ce pas?...

MERCURE, à part. Lui directeur!... c'est trop fort!...

MORDICUS, à l'auteur. Je suis à vous dans une seconde, le temps d'expédier monsieur.

(Il désigne Mercure. L'auteur fait un signe d'acquiescement et s'assied.)

MERCURE. C'est à monsieur le directeur que...

MORDICUS. Oui, mon jeune ami.

MERCURE, à part. Il ne me reconnaît pas... j'en étais sûr... (Haut.) Monsieur, je suis un élève de l'école classique.

MORDICUS. De l'école classique?... Assez!!!

MERCURE. Mais...

MORDICUS et TURLUTAINE. Assez! assez!!!

MERCURE. Vous ne voulez pas m'entendre?

TURLUTAINE. Pourquoi faire?

MORDICUS. Le classique!... brrrout!... mais ce n'est plus ça, à présent.

TURLUTAINE. Voyons... jouez-vous la coloquinte?...

MERCURE. La coloquinte?

TURLUTAINE. En jargon de théâtre jouer la coloquinte, c'est posséder une fantaisie... une audace insensée... une rage... c'est avoir le diable au corps dans la voix, dans l'œil, dans le nez, dans les jambes... partout!..

MERCURE. Eh bien! et le bon sens?

TURLUTAINE. Le bon sens!

MORDICUS. A Chaillot, le bon sens!... Savez-vous seulement faire la culbute?

MERCURE. J'avoue qu'on ne m'a pas appris ce genre d'exercice... je le regrette et je me retire... (Il remonte et dit à part.) Ah! tu le veux?

(Il sort.)

SCÈNE V

LES MÊMES, moins MERCURE.

L'AUTEUR, à part. Fichtre! alors je suis boulé aussi !

MORDICUS, à l'auteur. A nous deux!... j'ai lu votre machine.

L'AUTEUR. C'est absurde, pas vrai?... J'avais fourré là-dedans de l'intérêt, des situations. C'est stupide?...

TURLUTAINE. Vous, au moins, vous êtes raisonnable...

L'AUTEUR. Mais, j'ai autre chose.

MORDICUS. Ah!

L'AUTEUR. J'intitule ça : *Le Rétameur de Castroles*, grande ferblanterie en vingt-cinq rognures.

TURLUTAINE. Bravo!

MORDICUS. C'est reçu.

L'AUTEUR. Il y a un testament caché dans le double fond d'une casserole... Vous verrez... c'est la casserole de sa mère!... Avec ça, des décors, et surtout des femmes...

MORDICUS. Sans doute, mais...

AIR : *Je loge au quatrième étage.*

Mon cher ami, dans mon théâtre,
Quand le public est amateur
De bras d'ivoir', de cous d'albâtre,
Pour habiller l' sexe enchanteur,
Ça coût' très-cher, parol' d'honneur !

L'AUTEUR.

Prenez ma recette infaillible ;
Elle épargne tout embarras,
Habillez-les... le moins possible,
Ou plutôt, n' les habillez pas.

Allons, au revoir !...

(Il salue en s'inclinant. Entre Mercure sautant à saute-mouton par-dessus sa tête. L'auteur sort.)

SCÈNE VI

LES MÊMES, moins L'AUTEUR, MERCURE, il a un costume très-excentrique. Perruque de la Vénus à la fraise.

MERCURE. Coricoco!... le bureau des nourrices, s'il vous plaît?

TURLUTAINE. Qu'est-ce que c'est que ça?

MERCURE. Le patron de la case, où perche-t-il?

MORDICUS. C'est moi.

MERCURE. C'est lui, c'est vous, c'est toi!... (s'élançant.) Oh! laisse-moi l'étrangler...

MORDICUS se défendant. Eh bé! eh bé!...

MERCURE. Histoire de rire... non, vénérable croûton... je respecte ton marron d'Inde... Je viens pour te passer la main dans les cheveux et te dire : Tu m'engages?... Parlons d'autre chose.

MORDICUS. Ah! il est drôle, celui-là!

TURLUTAINE. Très-drôle !

MERCURE. Élève de Talma, Léotard et Robert Houdin...

MORDICUS. Causons, mon ami, causons... là, près de moi... (il lui désigne un siège et va pour s'asseoir, Mercure lui retire sa chaise, Mordicus tombe.) Ah! elle est bonne!...

TURLUTAINE, riant. Ah! ah! ah!...

MERCURE.

AIR : *de la Lettre de l'étudiante.*

Amateur de la coloquinte,
Je possède tous les talents ;
Je sais, sans la moindre contrainte.
N'avoir ni rime ni bon sens.
C'est moi qui, dans le drame intime,
Juste au moment de l'embrocher,
Le bras levé sur ma victime,
M'arrête net... pour me moucher.

(Il se mouche bruyamment.)

C'est moi qui, dans la comédie,
Entre en scène comme un éclair,
Devant l'assistance étourdie,
La tête en bas, les pieds en l'air.

(Il marche sur les mains.)

Je sais, comme un énergumène.
Par un singulier quiproquo,
Dans le récit de Théramène,
Imiter la mort de Jocko.
Je danse sur la corde raide ;
Je fais très-bien le cri du chat.

(Il miaule.)

Et quant au chien, cet intermède

(Parlant charabia.)

N'est pas plus difficil' que cha.

(Il aboie et imite le chien blessé.)

Je sais jouer de la clarinette,
Avec Arpin je puis lutter;
J'abattrais un' pomm' sur vot' tête,
J' pourrais mêm' vous esca moter.

MORDICUS. Et il escamote!... tu escamotes aussi!...

REPRISE PAR TOUS TROIS.

Amateur de la coloquinte,
Je } possède tous les talents, etc.
Il }

MORDICUS. Ah! tu escamotes!

MERCURE. Parbleu!... tenez, prêtez-moi votre nez, votre montre ou votre chapeau, et vous allez voir.

(Scène d'escamotage.)

MORDICUS. Il est sapristidigitateur!

(Ritournelle dramatique à l'orchestre.)

SCÈNE VII

LES MÊMES, LE LAC DE GUERRE-A-C'T-HOMME, GALANTINE D'AVANT-HIER.

(Ils entrent chacun d'un côté, d'un air sombre, et sur une musique de drame.)

MORDICUS. Quels sont donc ces saules pleureurs?

TURLUTAINE. L'Ambigu et la Gaité... Deux théâtres de drame.

MORDICUS. Au fait; je cultiverai aussi le drame. (A Mercure.) Jouez-vous le drame, vous?

MERCURE. Puisque je joue tout.

MORDICUS. Essayons quelque chose, hein? *La Grâce de Dieu...*

MERCURE. Essayons.

LE LAC. C'est que je ne sais que le *Lac de Guerre-à-c't'Homme.*

GALANTINE. Et moi, *Galantine d'Avant-Hier.*

TURLUTAINE. Ça n' fait rien.

MORDICUS. Comment, ça ne fait rien ?...

TURLUTAINE. Ils diront chacun leur rôle et ça ira.

MORDICUS. Ça ira?

TURLUTAINE. Parfaitement! (Au Lac.) Commencez-vous, le Lac?

LE LAC, ouvrant sa brochure. Où faut-il prendre?

TURLUTAINE. Où vous voudrez.

LE LAC, Damily-Laute. « Un homme est venu de votre part... il a emmené Jane par votre ordre... et par votre ordre aussi, le misérable l'a tuée...

MERCURE, Lonstalot-Lacroison-lère. « Elle ne reviendra jamais, monsieur le curé... »

GALANTINE. Valentine-Mademoiselle Duverger. «Mais, mon mari reviendra, lui...

MORDICUS. Ça s'emmanche!...

LE LAC, Herber-Dornay. «C'est à ma petite Jane que j'ai légué ma fortune... »

MERCURE, Jacquot-Calixte. « Un petit lapin blanc et un tambour de basque...

GALANTINE. « Il rapporte un million... »

MORDICUS. Comme ça s'emmanche!...

LE LAC, Cavichon-Sehey. « Si monsieur le permettait, j'offrirais à monsieur...

GALANTINE. « La fortune, à quoi bon?

LE LAC. « Une jolie petite rente de...

MERCURE, Pierrot-Laurent. « Cinq sous, cinq sous, pour monter notre ménage... »

MORDICUS. Ça s'emmanche très-bien! Ah! mais, dites donc, ce n'est pas étonnant, les trois pièces sont du même auteur...

TURLUTAINE. Que ce soit d'un auteur ou de trente-six auteurs, ça ne fait rien... A preuve, prenez ça...

MORDICUS. Qu'est-ce que c'est que ça?

(Elle lui tend une brochure)

TURLUTAINE. Je n'en sais rien.

MORDICUS, lisant. *Le Pied de Mouton?*

TURLUTAINE. Et moi, *le Courrier de Lyon...* Mêlons tout ça ensemble... Vous allez voir... (Au Lac.) A vous!...

LE LAC, Okelly-Perey. Très fort à Mordicus. « Jane est une honnête fille... entends-tu?... »

TURLUTAINE, à Mordicus. Eh ben! Allez donc, c'est à vous!...

MORDICUS. Ah! oui... remmanchons!...

LE LAC, répétant sa phrase. « Jane est une honnête fille, entends-tu?...

MORDICUS, Nigaudinos-Parade. « Demandez plutôt à Lazarille...

MERCURE, Loustalot. — Accent auvergnat. « Il faut que je la conduis-je au pays toujours vertueuse...

GALANTINE. « Mais la paix du cœur... où la trouver maintenant?...

TURLUTAINE, Chopart-Menier. «Ici, Fouinard!...

MERCURE, Chonchon-Lagier. « Il me fallait un maître... je le chercha... je le trouva... je l'arrêta...

LE LAC, Jane-Essler. «Au bord du lac!... (Avec force.) Vous mentez! vous mentez!...

MORDICUS... « Demandez plutôt à Lazarille... » C'est drôle!... je retombe toujours sur la même phrase, et ça s'emmanche tout de même.

GALANTINE. « C'est lui, mon mari... Comment lui cacher ma faute?... Le déshonneur ou la mort?... Que choisir?...

MERCURE, chantant.

A la grâce de Dieu !
A la grâce de Dieu !...

MORDICUS. Mes enfants, cette épreuve suffit... elle ouvre à mon théâtre un horizon illimité... Nous jouerons cinq drames à la fois dans la même soirée... (Ritournelle de Malbroug.) Bon! quoi encore?...

SCÈNE VIII

MORDICUS, MERCURE, TURLUTAINE, LE LYRIQUE, LE PALAIS-ROYAL, LES VARIÉTÉS, LE VAUDEVILLE, LA GAITÉ.

(Tous les cinq ont pour costume une énorme veste.

CHŒUR DES CINQ THÉÂTRES.

AIR : *de Marlbroug.*

Ah! c'était bien la peine
Mironton, tonton, mirontaine,
De paraître sur la scène,
Et d' nous éreinter pour
Y faire tour à tour
Un joli petit four!
Ah! c'était bien la peine...

MERCURE, interrompant. Ne vous donnez pas la peine... nous connaissons cet air-là...

MORDICUS. Ce sont des infirmiers?...

TURLUTAINE. Non... Le Théâtre-Lyrique... le Palais-Royal, les Variétés, le Vaudeville et la Gaité.

MORDICUS. Pourtant, ce costume...

TURLUTAINE. C'est l'uniforme des pièces tombées... sifflées...

MERCURE. On appelle ça : Remporter sa veste.

AIR : *C'est la mode. (Allons-y tout de même.)*

Quelle veste! (*Bis.*)
Au théâtre, on ne voit que ça ;
Il ne reste
Qu'une veste
De toutes ces pièces-là.

PREMIER COUPLET.

Amis, plaignons l'infortune
Du *Neveu de Gulliver ;*
Il va jusque dans la lune
Sans rencontrer un bon air.
Quelle veste! etc. (*Bis.*)

TOUS.

Quelle veste! etc.

DEUXIÈME COUPLET.

TURLUTAINE.

Au Palais-Royal, la pièce
La Bell'-Mère a des écus
N'en a guèr' mis dans sa caisse,
Soyez-en bien convaincus.
Quelle veste! etc.

TOUS.

Quelle veste! etc.

TROISIÈME COUPLET.

MERCURE.

Aux Variétés, quand on donne
Les Voisins de Molinchart,
Les voisins ne r'çoiv'nt personne ;
Tout l' mond' reste sur l' boulevard.

Quelle veste! etc.

TOUS.

Quelle veste! etc.

QUATRIÈME COUPLET.

TURLUTAINE.

A *l'Attaché d'ambassade,*
Le Vaud'ville s'est attaché ;
Mais de cette œuvre maussade
Le public s'est détaché.

Quelle veste! etc.

TOUS.

Quelle veste! etc.

CINQUIÈME COUPLET.

MERCURE.

Faut aller en Amérique,
Pour suivre *Christophe Colomb ;*
La foule, peu sympathique,
A trouvé l' chemin trop long.

Quelle veste! etc.

TOUS.

Quelle veste! etc.

SCÈNE IX

LES MÊMES, LES DÉLASSEMENTS-COMIQUES.

LES DÉLASSEMENTS, allant de Mordicus à Mercure. Ouf!... une chaise... un banc... une borne... un pavé!...

MORDICUS. Ce gros bonhomme va un peu en zigzag.

TURLUTAINE. En zigzag! Délassement-Comique, trois actes, douze tableaux!

MORDICUS. Ah! vous êtes les Délass...?

LES DÉLASSEMENTS. Comme vous voyez... éreinté... essoufflé... esquinté... Je viens de la revue...

MORDICUS. Au champ de Mars?...

LES DÉLASSEMENTS. Ah! monsieur, j'en ai vu de ces revues!... Revue de l'année, des mois, des jours, des heures... Revue des revues... Revue de la veille, revue du lendemain... Revue des épaules... des bras... des jambes... et des faits accomplis!...

MORDICUS. Et, pour le moment, vous donnez?

LES DÉLASSEMENTS. Du flan!

MORDICUS. Hein?...

LES DÉLASSEMENTS. Dame! c'est le Plat du jour.

AIR : *On va lui percer le flanc.*

Nous n'avons plus que du *flan*
Fli flan,
J'entends *Flan*,
Rire et lire un plan,
Puis après encor du *flan*.
Ah! que nous allons rire,
Ça devient un délire.

MORDICUS.

Mais le public doit dire:
Comment, rien qu'avec du *flan*,
Fli flan,
J'entends *Flan*,
Rire et lire un plan.
Comment, rien qu'avec du *flan*,
Pouvez-vous vous suffire?

LES DÉLASSEMENTS. Nous ajoutons un peu de *Blum-pudding*... et avec ça nous jouons cinq revues par an... non, une revue et quatre délassements comiques.

MERCURE. Oui... connu!...

AIR : *On dit que je suis sans malice.*

Quand un' revue est vue et r'vue,
Vous donnez une autre revue,
Mais l'affiche, sournoisement,
Intitul' ça : Délassement.
Le Dieu malin conduit la barque,
Et plus d'un spectateur remarque
Que ces dam's, pour nous agacer,
Aiment par trop se délacer.

MORDICUS. Eh bien! mon petit gros, nous tâcherons de nous délasser ailleurs que chez vous.

REPRISE EN CHOEUR.

Quelle veste, etc.

(Les Théâtres sortent.)

SCÈNE X

LES MÊMES, moins LES THÉÂTRES.

MORDICUS. Nous parlions tout à l'heure du Vaudeville... On dit qu'il faut dix hommes chaque soir pour emporter la recette...

MERCURE. Oui depuis *Nos Intimes*, d'un auteur peu chevronné, mais qui ne va pas mal.

AIR : *De Marianne.*

Il a gagné mainte escarmouche,
Au théâtre, vaillant soldat,
Il a fait les *Pattes de Mouches*,
Les Femmes fortes et *Garat.*
Au Vaudeville,
Sa plume habile
Vient de donner un succès colossal.
Plus d'un intime
Tout bas l'abîme,
Et dans l' journal
Lui dresse un piédestal.
Enfin, le public, qui l'adore,
A pris feu comm' de l'amadou.
Et tous les soirs, monsieur Sardou,
Sardou... ça r'double encore.

TURLUTAINE. Eh bien! et la *Prise de Pékin?* en voilà un succès...

AIR : *Du Fer. (Allez-vous asseoir.)*

On voit, dans la *Pris' de Pékin*,
Des mandarins en palanquin,
De vieux Chinois en casaquin,
Des Chinois's au fin brodequin.
Un *Jean-Marie*, vertueux coquin,
Qui mange et boit son saint-frusquin;
Une espèce de franciscain,
Qui parle comme un vieux bouquin;
Un traître, exécrable faquin,
Habillé comme un mannequin,
Un comique, jeune pasquin;
Un Anglais, frondeur et taquin;
L'emp'reur de Chine, un vrai requin,
Qui prend des poses de Tarquin
Dans son costume de nankin.
V'là la *Pris' de Pékin.*

MORDICUS. Et dire que je n'ai pas vu ça.... On m'a parlé d'un rêve de fumiste...

MERCURE. De fumeur!

MORDICUS. Oui... d'un décor de glace... Ça se passe en Sibérie...

MERCURE. Non... le plancher du théâtre est un immense miroir...

MORDICUS. Un miroir?...

MERCURE. Qui réfléchit tous les personnages de bas en haut.

MORDICUS. Diable! s'il y a des femmes, est-ce que la décence?...

MERCURE. Tout est prévu... Eh bien! moi, j'ai une idée qui enfoncera la *Prise de Pékin*...

MORDICUS. Et qui s'appelle?...

MERCURE. La prise de tabac.

MORDICUS. Bah!...

MERCURE. Il y a aussi un rêve.

MORDICUS. Parbleu...

MERCURE. En deux mots je puis vous mettre au courant... Ça se passe en Chine...

MORDICUS. Tant mieux!...

MERCURE. Un portier chinois a une jolie femme...

MORDICUS *suivant avec attention.* Bien!

MERCURE. Un mandarin à boutons jaunes a déteint dans son ménage...

MORDICUS. Bon!...

MERCURE. Le portier chinois est donc... vous comprenez?

MORDICUS. Parfaitement.

MERCURE. Vous êtes le portier... le mandarin, c'est moi... Je me suis caché sous l'escalier... dans un endroit où l'on n'aime pas à rester longtemps... il s'agit d'en sortir.

MORDICUS. Ah oui!...

MERCURE. Déguisant ma voix, je crie : « Cordon, s'il vous plaît? » mais vous qui avez des soupçons, vous vous dites : « Il est ici, personne ne sortira... Je ne tire plus le cordon. »

MORDICUS. La situation est tendue!

MERCURE. Tirera-t-il le cordon? ne le tirera-t-il pas?

MORDICUS. C'est palpitant!

MERCURE. Ici la prise... votre femme, la perfide, vient à mon aide... elle vous présente sa queue-de-rat... Vous qui n'êtes qu'une bête...

MORDICUS. Hein!

MERCURE. ... De portier.

MORDICUS. Ah! oui...

MERCURE. Un crétin!...

MORDICUS. Oui... oui...

MERCURE. Vous puisez dans la tabatière...

MORDICUS. Merci... Je n'en use pas...

MERCURE. Il faut bien que vous en preniez puisque vous êtes...

MORDICUS *prenant la prise.* C'est vrai... j'oublie toujours...

MERCURE. Imprudent! cette prise n'est pas une prise... ce tabac n'est pas du tabac... c'est du...

MORDICUS *éternuant.* Atchi!...

MERCURE. Vous l'avez dit... du hatchis, qu'elle s'est procuré à la pharmacie indienne, rue de Rivoli... Aussitôt la drogue opère... Vous voilà dans le château des brouillards... Suivez bien ma mise en scène.

Quatorzième tableau

Musique. — Le gaz baisse.

SCÈNE UNIQUE

MERCURE, *continuant.* Vous êtes d'abord enveloppé de ténèbres...

(Des nuages montent derrière.)

MORDICUS. C'est vrai... Je ne pourrais pas lire mon journal.

MERCURE. « Lentement les ombres se dissipent... (La lumière revient peu à peu.) Un site merveilleux vous apparaît... »

MORDICUS. Oui... il me semble que j'aperçois Vaugirard.

MERCURE. « Une musique céleste charme vos oreilles... (L'orchestre joue : Cocu, mon père.) Dix soleils resplendissent en même temps...»

MORDICUS. Dix soleils!... J'y vois trente-six chandelles...

MERCURE. « De belles jeunes filles... se balancent sur la tige des fleurs... »

MORDICUS. Jolie balançoire!...

MERCURE. Pendant ce temps-là, j'ai tiré le cordon...

(Coup de tam-tam.)

Dernier tableau.

LE PAYS DES ÉTOILES

SCÈNE UNIQUE

LES MÊMES, LA COMÈTE. *Grande figuration de Comètes, de Planètes.*

(Tous les personnages du douzième tableau. La Comète est au milieu, debout.)

MERCURE, *continuant.* « Et vous voyez... »

MORDICUS. Je vois.

MERCURE. « Mercure qui vous crie : Mordicus! »

MORDICUS. Hein!...

MERCURE. Si tu veux voir un imbécile... (Il lui présente un petit miroir.) Décor de glace!...

MORDICUS, *se levant.* Ah! le gredin!... Je ne l'avais pas reconnu... il m'a mis dedans... et la Comète?...

MERCURE. Regarde.

(Mordicus se retourne et reste atterré.)

LA COMÈTE, *parlé.*

Approche, Mordicus, et ne sois pas surpris
Si je couronne,
En ta personne,
La bêtise humaine à Paris.

(Elle lui pose sur la tête une couronne avec deux oreilles d'âne.)

MORDICUS. Merci de la préférence. (Redescendant.) Je vais lui prouver que je ne suis pas si bête... (Au public.) Un mot, messieurs, pardon, si je reste couvert.

AIR : *De la Ronde.*

Dans maint' revu' quell' maladresse,
Quand tout l' monde est pressé de partir
On chant', pour terminer la pièce,
Des couplets à n'en plus finir.
Messieurs, nous avons cru vous plaire
En les supprimant aujourd'hui.
De peur que l' public, en colère,
Ne chante avant d' rentrer chez lui.
J' devrai l'amende à mon portier (*bis*),
Tu vas me l' payer (*bis*).
J' devrai l'amende à mon portier,
Tu vas me l' payer, Aglaé!

REPRISE EN CHOEUR.

J' devrai l'amende à mon portier, etc.

FIN

PARIS. — IMPRIMERIE ÉDOUARD BLOT, RUE SAINT-LOUIS, 46